PIETRO TRABUCCHI

RESISTO DUNQUE SONO

Chi sono i campioni della resistenza psicologica e come fanno a convivere felicemente con lo stress

CORBACCIO

I edizione ottobre 2007
II edizione febbraio 2009

www.corbaccio.it

ISBN 978-88-7972-911-6

A mia sorella
Ai compagni dell'Everest

Prefazione

di Cristian Zorzi

La gente pensa che vincere nello sport sia solo questione di muscoli. O di cilindrata del motore.

Be', lasciatemelo dire, non è così. Contano anche altre cose.

Dietro la vittoria di un giorno c'è quasi sempre una storia cominciata anni prima.

Una storia che parla di avversità. Di difficoltà superate quotidianamente per rincorrere un sogno che si è fatto da piccoli. Ostacoli che hanno a che vedere con gli insuccessi, le delusioni, gli infortuni, gli errori nella preparazione, i risultati che non arrivano, il fatto che si comincia a non credere più in se stessi.

Per non parlare della stanchezza, dei muscoli, delle ossa e delle giunture che fanno male dopo gli allenamenti più duri, del tempo che non hai più per altre cose.

Mi ricordo che da ragazzino mi allenavo e intanto lavoravo per comprarmi gli sci. Vedevo i miei amici fare un'altra vita. Mi sembrava si divertissero molto di più e ogni giorno mi chiedevo se valesse la pena quello che facevo. Alcuni coetanei mi prendevano in giro, mi davano dello stupido. Poi loro sono finiti nella rete della droga: non hanno avuto la forza per opporsi a questa rovina. A me lo sport invece ha insegnato a soffrire, a combattere, a non mollare.

Questa capacità – che tutti sappiamo esistere, ma che non sappiamo come attivare – oggi ha un nome preciso. L'ho imparato da questo libro: si chiama resilienza psicologica. È la capacità di resistere allo stress, di superare gli ostacoli e di rimanere motivati nel perseguire i propri obiettivi.

Ho trovato estremamente interessante l'idea che si possa costruirla, allenarla. E soprattutto insegnarla alle nuove generazioni. Se lo sport deve servire per dare qualcosa di buono ai giovani, questa potrebbe essere la strada. Dai campioni dello sport e dalle loro storie possiamo apprendere tecniche e metodologie per portare nella vita – nella scuola, nel mondo del lavoro, nel quotidiano – la capacità di essere resilienti. È il mio augurio. Credo che oggi nel nostro mondo ci sia bisogno di molta resilienza. Buona lettura.

Cristian Zorzi
Medaglia d'oro Olimpiadi Torino 2006
Medaglia d'argento Olimpiadi Salt Lake City 2002
Medaglia di Bronzo Olimpiadi Salt Lake City 2002
Campione del Mondo a Sapporo 2007
Vice-campione del Mondo a Lathi 2001

Parte prima

Cos'è la resilienza

Capitolo uno

Resilienza. L'arte di risalire sulla barca rovesciata

Quando la vita rovescia la nostra barca, alcuni affogano, altri lottano strenuamente per risalirvi sopra. Gli antichi connotavano il gesto di tentare di risalire sulle imbarcazioni rovesciate con il verbo «resalio». Forse il nome della qualità di chi non perde mai la speranza e continua a lottare contro le avversità, la resilienza, deriva da qui.

1.1. Una definizione di resilienza

> «Le difficoltà rafforzano la mente, così come il lavoro irrobustisce il corpo.»
> Seneca

C'è una buona notizia: ora sappiamo con certezza che gli esseri umani sono stati progettati per affrontare con successo difficoltà e stress. E in questo campo sono molto più forti di quanto comunemente si creda. Generazione dopo generazione, l'evoluzione ha modellato i nostri progenitori perché fronteggiassero efficacemente ogni sorta di ostacolo o di problema. Discendiamo da gente che è sopravvissuta a un'infinità di predatori, guerre, carestie, migrazioni, malattie e catastrofi naturali e che ci ha trasmesso i propri geni. Oggi, tra le tante promesse da rotocalco, c'è posto anche per chi parla di «eliminare lo stress». Non solo ciò è impossibile, ma sarebbe anche inutile: noi siamo costruiti per convivere quotidianamente con lo stress. A questo scopo possediamo dentro di noi, come un dono, un insieme di risorse che abbiamo ereditato dal passato. Questo insieme di risorse si chiama «resilienza» o resistenza psicologica.

La maggior parte delle persone, fortunatamente, tende a essere resiliente: può adattarsi e apprendere a superare indenne le avversità più severe. Tra le persone direttamente coinvolte negli attacchi alle Torri Gemelle, per esempio, solo una piccola percentuale, sto citando una serie di studi pubblicati nel 2002,[1] ha sviluppato disturbi psicologici gravi. Tutti gli altri sono invece riusciti, un po' alla volta, a ricostruirsi una vita normale, anche dal punto di vista emotivo e psicologico. Si può dire che la psicologia negli ultimi anni stia un po' ribaltando la sua prospettiva consueta: è la resilienza a essere la norma negli esseri umani, non la fragilità.

C'è chi si spinge addirittura oltre. Qualcuno sostiene che condizioni difficili possano aiutare la gente a ritrovare equilibrio psicologico e motivazioni. In effetti, esistono testimonianze eloquenti a proposito. Durante la seconda guerra mondiale Londra venne bombardata duramente. Si temevano gravi ripercussioni sull'equilibrio psichico degli abitanti. Avvenne il contrario. Di-

[1] L.E. DeLisi, A. Maurizio, M. Yost, C.F. Papparozzi, C. Fulchino, C.L. Katz et al., *A Survey of New Yorkers after the Sept. 11, 2001, Terrorist Attacks*, in *American Journal of Psychiatry*, 160 (2003), pp. 780-783; R.C. Silver, A. Holman, McIntosh, D.N., Poulin, M. Gil, V. Rivas, *Nationwide Longitudinal Study of Psychological Responses to September 11*, in *Journal of the American Medical Association*, 288 (2002), pp. 1235-1244; W.E. Schlenger, J.M. Caddell, L. Ebert, B.K. Jordan, K.M. Rourke et al., *Psychological Reactions to Terrorist Attacks: Findings from the National Study of Americans' Reactions to September 11*, in *Journal of the American Medical Association*, 288 (2002), pp. 581-588; S. Galea, J. Ahern, H. Resnick, D. Kilpatrick, M. Bucuvalas, J. Gold et al., *Psychological Sequelae of the September 11 Terrorist Attacks in New York City*, *New England Journal of Medicine*, 346 (2002), pp. 982-987.

minuirono i ricoveri nei centri d'igiene mentale e i suicidi. La stessa cosa avvenne nelle fasi più acute del conflitto per l'autonomia dell'Irlanda del Nord o durante i tumulti razziali avvenuti negli Stati Uniti tra gli anni '60 e '70.[2]

A quanto pare, chi, di fronte a eventi stressanti, chiede un aiuto terapeutico o manifesta gravi forme di disagio rappresenta l'anomalia, non la regola. La regola, per gli esseri umani, è rappresentata dalla resilienza. Il termine «resilienza» proviene dalla metallurgia: indica, nella tecnologia metallurgica, la capacità di un metallo di resistere alle forze che vi vengono applicate. Per un metallo la resilienza rappresenta il contrario della fragilità. Così anche in campo psicologico: la persona resiliente è l'opposto di una facilmente vulnerabile. Etimologicamente «resilienza» viene fatta derivare dal latino «resalio», iterativo di «salio». Qualcuno propone un collegamento suggestivo tra il significato originario di «resalio», che connotava anche il gesto di risalire sull'imbarcazione capovolta dalla forza del mare, e l'attuale utilizzo in campo psicologico: entrambi i termini indicano l'atteggiamento di andare avanti senza arrendersi, nonostante le difficoltà.

Desidero però dare fin d'ora la mia definizione personale di resilienza: la resilienza psicologica è la capacità di persistere nel perseguire obiettivi sfidanti, fronteggiando in maniera efficace le difficoltà e gli altri eventi negativi che si incontreranno sul cammino. Il verbo «persistere» indica l'idea di una motivazione che rimane salda. Di fatto l'individuo resiliente presenta una serie di caratteristiche psicologiche inconfondibili: è un ottimista e tende a «leggere» gli eventi negativi come momentanei e circoscritti; ritiene di possedere un ampio margine di controllo sulla propria vita e sull'ambiente che lo circonda; è fortemente motivato a raggiungere gli obiettivi che si è prefissato; tende a vedere i cambiamenti come una sfida e come un'opportunità, piuttosto

[2] Questi esempi sono tratti da R. Farson e R. Keyes, *Vince chi fa più errori*, Milano, Franco Angeli Editore, 2002.

che come una minaccia; di fronte a sconfitte e frustrazioni è capace di non perdere comunque la speranza.

Non è un caso, dunque, che uno studio uscito nel 2002, e che esaminava le caratteristiche psicologiche di 32 atleti statunitensi vincitori di medaglie olimpiche, indichi nella resilienza uno dei requisiti irrinunciabili per l'atleta di alto livello. Addirittura, una ricerca realizzata nel 1995 in Germania da W. Hauser ha dimostrato che i risultati degli atleti nelle gare Ironman si correlano in modo più significativo con le loro caratteristiche psicologiche rispetto a quelle fisiologiche come il «Massimo consumo d'ossigeno»: in altre parole, per andare forte in queste gare, è più importante essere resilienti piuttosto che solo resistenti fisicamente!

Sono numerosi i concetti e i termini che «confinano» e «sconfinano» con quello di resilienza. La parola «Hardiness» identifica un concetto molto vicino a quello di resilienza psicologica: esso deriva dagli scritti della psicologa Suzanne Kobasa, che l'ha elaborato negli anni '70 a partire dalla sua esperienza del mondo del lavoro e delle organizzazioni.[3] Il lavoro di questa studiosa è poi stato portato avanti, attraverso numerosi articoli e libri da un collega di origini italiane, Salvatore Maddi, professore alla California University di Irvine.[4]

Infine, per quello che riguarda il campo dello sport in specifico, nel 2000 ho presentato un modello per descrivere alcuni fattori tipici di personalità comuni agli atleti degli sport di endurance: il modello della «Personalità Resistente».[5] Si trattava di un costrutto basato su quattro dimensioni. Queste quattro dimensioni si sono evolute negli anni e si sono trasformate nei quattro aspetti cognitivi della resilienza che vengono presentati in que-

[3] S.C. Kobasa, (1979), *Stressful Life Events, Personality and Health: An Inquiry Into Hardiness*, in *Journal of Personality and Social Psych.*, 37.

[4] S. Maddi et al., *Resilience at Work*, AMACOM, New York, 2005.

[5] P. Trabucchi, *La preparazione mentale agli sport di resistenza*, Cesena, Elika, 2000.

sto libro: senso di controllo, tolleranza alla frustrazione, capacità di ristrutturazione cognitiva, attitudine alla speranza.

La buona notizia iniziale («siamo progettati per affrontare problemi e difficoltà») non è sola. Ce n'è un'altra: la resilienza può essere potenziata, possiamo imparare a migliorarla. Anche se venendo al mondo siamo già in possesso di una dotazione di base in termini di resilienza, possiamo accrescerla. Diventare psicologicamente più resistenti è possibile. Si può imparare a gestire lo stress. Generalmente non c'è molta consapevolezza di queste possibilità. In parte lo si deve a ragioni esterne a noi stessi. Per esempio è senz'altro più redditizio per la fiorente industria degli antidepressivi puntare sugli effetti delle molecole che ci «aiutano» ad affrontare la vita, piuttosto che favorire lo sviluppo della resilienza nelle persone. Ma non è soltanto, come al solito, colpa dell'«esterno», della società o delle «cattive lobby industriali». Fa comodo anche a noi condividere una visione di noi stessi deboli e inermi sotto i colpi della vita; perché questo ci permette di non impegnarci a fondo, di non prenderci fino in fondo tutte le responsabilità. E, alla fine, ci consente pure di lamentarci. Tutti gli organismi viventi, di fronte agli stimoli ambientali, si adattano o muoiono: gli unici che contemplano una terza possibilità, quella di auto-commiserarsi, sono gli esseri umani.

Egocentrismo, elevata auto-indulgenza e auto-compassione e sfrenato consumismo caratterizzano il tipo umano attualmente più diffuso nelle cosiddette società avanzate. Tuttavia, se ci guardiamo intorno con attenzione alla ricerca di esperienze a cui ispirarci, possiamo trovare molti esempi individuali di resilienza. Non solo: esiste nella nostra civiltà, almeno un ambito che potrebbe promuovere in modo strutturale la resilienza ed è il mondo dello sport. Non sicuramente quello dello sport-spettacolo, dei calciatori miliardari inclini all'alibi e alla lagnanza, non quello delle scorciatoie e del doping endemico. Un giorno, poco prima degli ultimi Giochi Paraolimpici invernali, mi trovavo nella località dove soggiornava la squadra Paraolimpica giapponese di sci nordico. Per errore entrai in un locale che veniva adibito alla sciolinatura. C'era un atleta disabile che stava sciolinandosi da solo gli sci. Era privo di ambedue le mani. Con un moncone teneva fermo lo sci sul ponte, con l'altro faceva scivolare il ferro da stiro per sciogliere la sciolina. Mi sorrise e continuò il suo lavoro. Si può diventare più resilienti di quanto immaginiamo.

A questo scopo il mondo dello sport può essere utilizzato sia come metafora sia come ambito da cui mutuare metodologie ed esperienze. Le esperienze che vengono riprese in questo libro fanno riferimento allo sport in senso ampio: vi sono casi che descrivono situazioni che provengono dal professionismo di vertice, e altre dallo sport amatoriale. Alcune hanno come protagonisti atleti disabili e sconosciuti, altre atleti molto celebri. Non è scontato che i professionisti siano per forza più resilienti o più bravi a gestire lo stress di persone che fanno sport con il massimo impegno pur avendo un altro lavoro. Anzi, spesso è il contrario: il professionista mette in gioco molte più cose nello sport, ma vive spesso in un mondo ovattato, dove tutto gira in funzione della possibilità di allenarsi; e dove il resto della vita, con tutti i suoi problemi, è tenuto lontano. A volte chi riesce ad allenarsi coniugando gli impegni di lavoro e familiari ha sviluppato delle capacità fantastiche di gestione dello stress.

1.2. Lo sport come palestra di resilienza

> «La resilienza non è una condizione ma un processo: la si costruisce lottando.»
>
> George Vaillant

Il mondo dello sport estremizza lo stress. E premia chi lo sa gestire meglio. Di conseguenza, ogni atleta dovrebbe caratterizzarsi per essere, per prima cosa, una persona capace di governare le difficoltà. Qualcuno disposto ad affrontare un problema dietro l'altro, a misurarsi con tutti i tipi di disagio, a reggere a stress estremi. Un individuo, per farla breve, molto resiliente. Non importa a quale disciplina appartenga. Che sia un podista, un nuotatore, un ciclista. Per prima cosa un atleta dovrebbe essere qualcuno costruito per affrontare e reggere le avversità.

Visto da questo punto di vista lo sport diventa interessante per molti, anche per chi non è «sportivo». Ci si potrebbe spingere persino a recuperare il concetto di «sport come scuola di vita» senza rischiare il ridicolo: ridicolo in quanto, alla luce di molti fatti di cronaca, attualmente lo sport sembra incarnare della vita solo gli aspetti negativi. Forse il senso di quella che ora sembra una barzelletta potrebbe essere questo: nella nostra società non esiste un altro contesto così vasto e trasversale per facilitare lo sviluppo della resilienza, quanto quello sportivo. In questo senso lo sport agonistico può diventare una fonte di ispirazione e una allegoria ricca di insegnamenti per tanti altri contesti: per il mondo del lavoro e per quello manageriale, per il settore educativo e, perché no?, anche per la vita di tutti i giorni. Lo sport è una metafora della vita, una prova severa che, quasi per contratto, ti deve sottoporre a ogni tipo di difficoltà. E che ti costringe (se glielo permetti: la storia sportiva è piena di talenti inarrivabili ma pochissimo resilienti, vedi alla voce «stelle del calcio») a sviluppare le doti necessarie per affrontare gli ostacoli, la frustrazione, l'insuccesso, la solitudine, la sfortuna.

Mi rendo conto che si tratta di una visione insolita: di solito si identifica l'atleta con le qualità fisiche, non con quelle mentali. Eppure, alla fine, per la prestazione, gli atteggiamenti contano almeno quanto (e sottolineo «almeno») i muscoli. Le analisi delle prestazioni atletiche di vertice indicano che il successo sportivo è determinato da tre fattori: dalla dotazione genetica, dalla qualità e quantità dell'allenamento e dalle capacità psicologiche. I tre fattori, però, si influenzano vicendevolmente: occorre molta forza mentale, per esempio, per continuare a lungo ad allenarsi ai livelli di intensità e di carichi di lavoro che lo sport di vertice richiede oggi.

Sono gli stessi atleti a confermare l'importanza del fattore mentale nella prestazione. Il fisiologo Jerry Lynch chiese a una dozzina di maratoneti di altissimo livello di indicare quale fosse a loro parere il fattore prestativo più importante tra questi quattro:

a) capacità genetiche;
b) allenamento;
c) capacità dell'allenatore;
d) atteggiamento mentale.

Quasi tutti indicarono il quarto.

Un'indagine condotta presso i tecnici della Federazione Italiana Triathlon[6] dimostra che anche gli allenatori esperti sembrano pensarla allo stesso modo; alla richiesta di indicare quali fossero, a loro parere, i fattori più importanti che un atleta deve possedere per arrivare al massimo livello di eccellenza in uno sport come il triathlon, essi hanno collocato nelle prime due posizioni due componenti di ordine psicologico: «spirito di sacrificio» e «fiducia nelle proprie capacità».

Una visione miope confina l'utilità del fattore mentale solo all'ambito della gara. In realtà è proprio sul lungo, lunghissimo periodo, lungo tutta la carriera, che l'aspetto psicologico è decisivo. Il bambino che intraprende una carriera sportiva approderà solo da adulto agli impegni fondamentali: e nel corso degli anni che lo separano da quegli appuntamenti sperimenterà una lunghissima serie di sconfitte, difficoltà, problemi e momenti di crisi. Pensiamo al caso di Giorgio Di Centa, di cui parlerò in seguito: ha cominciato a sciare a cinque anni, ma ha dovuto aspettare ventisette anni per vincere una medaglia olimpica.

In questo lunghissimo tragitto irto di ostacoli, gran parte dei

[6] Indagine preliminare al Corso di Aggiornamento per Tecnici FITRI, novembre 2006.

soggetti si perderà, scomparendo per sempre dal mondo dello sport. Sopravvivrà solo chi è stato in grado di sviluppare una forte motivazione insieme alla capacità di reggere elevati carichi di stress. Sopravvivranno i resilienti. L'*Hagakure*, il libro segreto dei samurai, paragona le persone a delle barche: è solo quando le acque si fanno agitate che diventa manifesta la differenza tra quelle che tengono il mare e quelle che non ce la fanno (I, 116). Allo stesso modo, è nel mezzo delle turbolenze sportivo-esistenziali che diventa evidente la differenza tra l'atleta forte in tutti i sensi e quello che invece «ha solo motore».

Eppure oggi si segue la tendenza contraria. Si parte dal profilo atletico della prestazione e si tende a selezionare i potenziali campioni del futuro sulla base di precise caratteristiche fisiche: «hai un valore di forza esplosiva 'x'? Bene, allora vieni con noi». Le caratteristiche psicologiche vengono trascurate: non le si osservano, né tanto meno si tenta di svilupparle. Eddy Ottoz, medaglia olimpica a Città del Messico nei 110 a ostacoli e allenatore emerito, è molto diretto: «una volta lo sport era organizzato in modo molto più casuale. Ed era il caso stesso a effettuare la selezione: ti buttava nella mischia, senza preoccuparsi se avevi fibre a prevalenza rosse o bianche, se eri fisicamente dotato o no. E quindi finivano per trovarsi nel mezzo dell'agone persone magari non ideali dal punto di vista fisico, ma adattissime dal punto di vista della tempra psicologica. Combattenti nati, gente che non aveva paura di niente e non si tirava mai indietro: e che alla fine, con la forza d'animo, riusciva a supplire alle mancanze fisiche. Non c'era neanche così tanto allenamento. Così ti abituavi a dare tutto sempre e subito. Oggi, da paesi come i nostri, pieni di benessere, difficilmente emerge qualcuno. Siamo pieni di gente fisicamente azzeccatissima, selezionata e iper-allenata, ma che poi sotto pressione si rivela inconsistente».

La maggioranza dei coach sportivi non possiede una chiara percezione di questi aspetti. Anche se intuiscono, come abbiamo visto, l'importanza della «testa» nella prestazione, pochi hanno un'idea chiara di «come fare» ad allenare il fattore psicologico. E quelli disposti a sottrarre tempo all'allenamento convenzionale per investire in attività che potenziano i muscoli mentali rappresentano un'esigua minoranza. Negli anni mi è capitato tuttavia di incontrare anche tecnici più «illuminati». Quanto vedremo nei prossimi capitoli può servire ai tecnici sportivi e agli atleti, cioè a coloro che si occupano principalmente di prestazione sportiva. Ma anche a chi non si occupa di sport in modo diretto. Ai genitori che vogliono utilizzare lo sport come strumento per far diventare i propri figli più resilienti nella vita. E a tutti coloro che possono utilizzare le imprese sportive come una metafora delle difficoltà dell'esistenza: una metafora da cui si possono ricavare sia atteggiamenti che metodologie pratiche per diventare psicologicamente più forti.

Punti chiave

- **Gli esseri umani sono naturalmente progettati per affrontare con successo difficoltà e stress. Si definisce «resilienza» la capacità di persistere nel perseguire obiettivi sfidanti, fronteggiando in maniera efficace le difficoltà e gli altri eventi negativi che si incontrano. È l'atteggiamento contrario di chi, di fronte ad avversità anche piccole, si arrende e perde la speranza o la motivazione. Essere resilienti di fronte alle avversità rappresenta quasi sempre la norma negli esseri umani. Chi, di fronte a eventi stressanti, chiede stabilmente un aiuto terapeutico o manifesta gravi forme di disagio rappresenta l'eccezione. Anche se la resilienza è una dotazione di base negli esseri umani, essa può essere ulteriormente appresa e migliorata nel corso del ciclo di vita.**
- **Hardiness e personalità resistente sono concetti psicologici che fanno riferimento alla capacità di resistere sotto stress. Essi sono dunque tutti «imparentati» con il concetto di resilienza.**
- **Il mondo dello sport estremizza le difficoltà. Per questa ragione si adatta a esercitare e migliorare la resilienza. Ogni atleta dovrebbe essere, per prima cosa, abile nel fronteggiare stress e difficoltà e solo in seconda battuta specificamente forte nella propria disciplina. A quanto pare i sistemi attuali di selezione dei talenti premiano solo il secondo aspetto e trascurano il primo, e questa è una delle ragioni della scarsità di campioni.**

Capitolo due

La dura legge del bicchiere mezzo vuoto

Le persone non sono vittime passive degli eventi stressanti. Reagiamo alle difficoltà (e ci stressiamo) in base a come le «leggiamo» e a come «leggiamo» le nostre capacità di farvi fronte. Questa «lettura» si chiama valutazione cognitiva. Quella che ci fa vedere lo stesso bicchiere mezzo pieno piuttosto che mezzo vuoto.

2.1. L'eredità di Epitteto

> «La gente non è disturbata dalle cose in sé, ma dall'opinione che ha di esse.»
>
> Epitteto

Come reagiamo alle difficoltà? Quanto stress ci provoca un ostacolo, un imprevisto, un problema? Anche se è comodo credere il contrario, la sensibilità allo stress è in gran parte prodotta da noi stessi: essa dipende da come interpretiamo gli eventi. E da quanto ci pensiamo «forti»: cioè in grado di fare fronte a quel determinato problema.

Per farla breve, la sensibilità allo stress dipende strettamente da quella che gli psicologi chiamano «valutazione cognitiva». Con il termine «interpretazione o valutazione cognitiva» si sottolinea il fatto che ognuno di noi filtra e seleziona gli stimoli che riceve dall'esterno, accettando e «inserendo nel proprio computer cerebrale» soltanto quelli che ritiene utili o importanti. La realtà oggettiva esiste eccome, ma noi non viviamo nel suo mondo: la nostra esistenza si svolge in un mondo che è una «costruzione», un'interpretazione effettuata a partire dal reale.

Una interpretazione che però ha conseguenze molto concrete sulla realtà, a partire dal nostro funzionamento fisiologico. Qualcuno ribatte che è tutta questione di biochimica: la chimica cerebrale condiziona lo stato dell'umore, la capacità di concentrarsi e di prestare attenzione, la regolazione motoria, la presa di decisioni e, in ultima analisi, i comportamenti. Tutto questo è vero, ma non dobbiamo dimenticare che gli aspetti cognitivi possono modificare a loro volta la biochimica stessa. A partire dagli studi di Edwin Blalock è ormai assodato definitivamente il fatto che emozioni e pensieri modificano il funzionamento corporeo per mezzo dei cosiddetti «neurotrasmettitori ubiquitari».[1] Se siete gente pratica, poco portata per la speculazione, provate a pensare se esiste al mondo qualcosa di più concreto della fatica fisica. Siamo abituati a considerare la fatica un dato oggettivo, ma essa è ben lungi dall'esserlo. La sensazione di fatica è un dato costruito, il frutto di una serie di interpretazioni eseguite a partire dai puri dati sensoriali che, presi isolatamente, non avrebbero senso. Il nostro cervello assembla una miriade di dati prove-

[1] Edwin Blalock, docente di fisiologia all'Università dell'Alabama, ha dimostrato in tempi recenti (1989) che la tradizionale separazione tra i tre sistemi, il nervoso, l'endocrino e l'immunitario, non sussiste. Questa realtà, che ora comincia a essere accettata in maniera universale, solo poche decine di anni fa sarebbe suonata come un'eresia nell'ambiente medico-scientifico. Oggi sappiamo con certezza che il cervello può intervenire nel funzionamento del sistema endocrino e in quello immunitario grazie ad alcuni neurotrasmettitori (i cosiddetti «ubiquitari»).

Per una disamina più approfondita di queste problematiche si veda: L. Speciani, P. Trabucchi, *Mente e maratona*, Edizioni Sportitalia, Milano, 2005.

nienti dalle fibre muscolari, dal tasso di alcuni substrati nel sangue e nel cervello, dalla frequenza del battito cardiaco, dal livello di alcuni gas durante gli scambi respiratori e da molti altri dati; prende tutto ciò e lo miscela, dando origine ad una sensazione finale che arriva in coscienza come dato unitario: «*Ho ancora energia*» o piuttosto «*Non ce la faccio più!*». Ora, se un soggetto interpreta i segnali interni in modo negativo, per esempio con ansia o paura, oppure se «legge» la fatica come qualcosa che non può controllare ma solo subire, produrrà effetti anche sul piano biochimico. Magari la sua reazione di allarme provocherà reazioni di tipo neurovegetativo, come, per esempio, la vasocostrizione dei vasi periferici che riforniscono di ossigeno le fibre muscolari affaticate. Questo accelererà ulteriormente l'affaticamento periferico, dando luogo a un circolo vizioso.[2]

Si tenga presente che la valutazione cognitiva entra in gioco nell'interpretazione di tutte le sensazioni del corpo, non solo nella fatica. Ci permette, per esempio, di decifrare le emozioni, dando allo stesso batticuore il significato di «rabbia» piuttosto che di «felicità». Che il correlato fisiologico delle emozioni (il batticuore dell'esempio) assuma un significato piuttosto che un altro a causa della interpretazione cognitiva utilizzata è stato dimostrato diversi anni fa attraverso un celebre esperimento.[3] Stanley Schachter iniettò adrenalina a un gruppo di soggetti. Come è noto l'adrenalina è un ormone che aumenta la cosiddetta «attivazione simpatica fisiologica». Qui il termine «attivazione simpatica» non si riferisce al fatto che questo ormone renda le persone che lo assumono più brillanti e socialmente disponibili: si fa riferimento al fatto che venga aumentata l'attività di uno dei rami del sistema nervoso autonomo, quello denominato per

[2] Sul concetto di fatica come sistema bidirezionale mente-corpo si vedano i già citati: P. Trabucchi, *La preparazione mentale*, E. Speciani; P. Trabucchi, *Mente e maratona*.

[3] S. Schachter, *Cognition and Peripheralist-Centralist Controversies in Motivation and Emotion*, in M.S. Gazzaniga e C. Blackmore (a cura di), *Handbook of Psychobiology*, Academic, New York, 1975.

l'appunto «simpatico». In ogni caso, al di là della terminologia oscura, tutti sappiamo bene per esperienza diretta che cosa faccia l'adrenalina nel nostro corpo: fa battere il cuore più velocemente, può far tremare le mani e rendere il viso caldo e arrossato. Di fatto colleghiamo l'adrenalina a un'emozione intensa di paura o di eccitazione.

Ecco qui allora i nostri soggetti che ricevono una bella iniezione di adrenalina, ovviamente senza essere stati messi al corrente di che cosa hanno ricevuto in vena. In sintesi accadeva questo: i soggetti «leggevano» gli effetti fisici dell'adrenalina a seconda dei contesti e delle informazioni che ricevevano. Per esempio, se un complice dello sperimentatore assumeva un comportamento provocatorio, queste sensazioni erano vissute come «rabbia», coerentemente con quella che è la presenza di adrenalina nelle emozioni aggressive. Ma altri che avevano ricevuto informazioni false sull'iniezione («è un farmaco che le provocherà sonnolenza e torpore», effetti fisiologicamente impossibili all'adrenalina), con il complice che si comportava in modo «neutro», leggevano le proprie sensazioni in modo coerente con il filtro che avevano «indossato». In altre parole, gli effetti fisiologici legati alle emozioni non vengono «letti» in modo oggettivo, ma sulla base dell'interpretazione cognitiva della situazione. Può sembrare strano, ma è così: l'interpretazione cognitiva modifica il funzionamento biochimico e la qualità delle emozioni e sensazioni che proviamo.

Ma la valutazione cognitiva non condiziona solo la risposta biochimica agli eventi. Anche la nostra reazione comportamentale dipende da lei. Un giorno notai come un partecipante di un corso che stavo tenendo sembrasse capace di gestire in maniera molto efficace lo stress. Gli chiesi a cosa attribuisse questa capacità: egli mi spiegò che la faceva risalire a un detto che suo padre gli aveva insegnato a Napoli durante l'infanzia: «Ogni impedimento è giovamento». In breve quel proverbio era diventato per lui un atteggiamento costante, un elemento fisso all'interno della sua interpretazione dei fatti. Questo modo di vedere le cose aveva condizionato fortemente il suo stile nel fronteggiare ostacoli e difficoltà. Ogni volta che incappava in un problema, invece che focalizzarsi sulla sua sfortuna o sull'infelicità del suo destino, egli aveva imparato a vederci una sfida che l'avrebbe reso più forte. Raccontava per esempio che, cercando lavoro, aveva sostenuto inutilmente numerosi colloqui d'assunzione. Se non avesse avuto quel particolare modo di interpretare gli eventi, ogni difficoltà è uno stimolo, invece di perseverare, sarebbe divenuto passivo. Se la sua valutazione cognitiva degli eventi lo avesse portato a leggere la realtà in termini di «il mondo ce l'ha con me» oppure «qualsiasi cosa io faccia non serve a nulla», avrebbe smesso presto di cercare e sarebbe rimasto disoccupato. Invece, interpretare gli insuccessi come stimolo e come incoraggiamento gli aveva permesso di continuare la ricerca: e infatti egli era approdato alla fine a un lavoro molto più interessante e promettente di quello che gli era stato negato nei colloqui precedenti.

Per capire pienamente quale sia il peso della valutazione cognitiva nella resilienza individuale, dobbiamo abbandonare il modello intuitivo di stress, quello che hanno normalmente i non addetti ai lavori: si tratta infatti di un modello fuorviante. Il modello intuitivo considera gli stressor (cioè i fattori che provocano stress) come qualcosa di oggettivo, e le persone come bersagli passivi. Lo stressor «colpisce» Tizio, e Tizio si ritrova con un certo livello di stress. In realtà, se gli stressor fossero qualcosa di oggettivo, un certo evento negativo «X» produrrebbe un quantitativo «Y» di stress uguale in tutti gli individui. Sappiamo bene che le cose non stanno così. Ci sono persone che vengono distrutte da piccoli contrattempi mentre altri individui sopravvivono egregiamente a catastrofi planetarie.

Il modello «intuitivo» dello stress non funziona proprio perché gli individui non sono bersagli passivi degli eventi stressanti: ogni stressor viene filtrato dalle risorse interne dell'individuo. La prima, la più importante di queste risorse, è il modo in cui noi «leggiamo» le difficoltà: cioè la «valutazione cognitiva».

Perché questa importanza? Perché dalla valutazione dei fatti nascono i comportamenti e le strategie che decidiamo di adottare per rispondere alla situazione. Ma non solo: anche la reazione fisiologica che il nostro corpo produrrà per sostenerci nella lotta nasce qui. Una valutazione inadeguata produrrà azioni e risposte corporee inadatte.

È un concetto chiave: le persone non sono stressate dagli eventi in sé, ma dal modo in cui li interpretano. In altre parole, la resilienza non è questione di spessore dell'epidermide o di robustezza delle cellule nervose: ma è funzione della nostra valutazione cognitiva, del nostro modo di vedere il mondo e di comprendere i fatti. Non si tratta di un concetto nuovo, sebbene oggi disponga di verifiche sperimentali: di tutto ciò ne era già persuaso, quasi duemila anni or sono, il filosofo greco Epitteto.

Lo stesso evento, a seconda del modo in cui «decidiamo» di vederlo, porterà a stati d'animo, reazioni fisiche e comportamenti del tutto diversi. In fondo, si tratta pur sempre del vecchissimo e arcinoto principio del bicchiere: posso scegliere di vederlo come mezzo pieno o mezzo vuoto a seconda delle mie inclinazioni personali e del mio stato d'animo. In ogni caso, qualsiasi cosa scelga, mezzo vuoto o mezzo pieno, alla fine si tratta dello stesso bicchiere. Ma il pessimista tende a concentrarsi sul vuoto e sulle emozioni relative: esattamente come l'inesperto nella gestione dello stress.

Facciamo ora un esempio sportivo. Un atleta può vivere la stessa gara sportiva come un evento che si colloca tra questi due estremi: o come il giorno della resa dei conti definitiva tra il mondo e la propria autostima; oppure scegliere di vederla come fa Dawa Sherpa,[4] come un evento tra quelli che scandiscono la vita di una grande famiglia («voi non siete i miei avversari, voi siete i miei amici, la mia famiglia»). Si tratta di due tipi di valutazioni cognitive opposte. Ovviamente ognuna delle due compor-

[4] Il nepalese campione di corsa di durata in montagna di cui parleremo al capitolo 5.

ta delle ripercussioni pratiche: in termini di risposta fisiologica, è probabile che chi decide di vedere le competizioni come il consuntivo irrevocabile del suo valore personale manifesterà nel pre-gara una serie di sintomi molesti: insonnia, ansia, incapacità di regolare l'attenzione sul compito, secchezza delle fauci, tachicardia, fame d'aria, ipertono muscolare e, ovviamente, un funzionamento intestinale molto più vivace. La cosa non è da considerarsi patologica: semmai, soprattutto per quanto riguarda l'ultimo sintomo, imbarazzante.

Chi, invece, presenta un approccio mentalmente più sereno alle gare presenta sintomi in quantità molto più ridotte. Esiste uno stretto legame tra valutazione cognitiva e risposta fisica: la valutazione cognitiva influenza per esempio il bilancio ormonale dell'organismo. Ma prima di passare a indagare questo aspetto possiamo notare nuovamente l'altra importante conseguenza di un certo modo di leggere gli eventi: quella comportamentale. Chi vive la gara come il Giorno del giudizio del proprio valore tenderà a eludere (magari senza piena consapevolezza) le gare; oppure viverle con molta tensione, in una spirale disagio-evitamento che si autoalimenta. Chi invece vede la gara come il rendez-vous di una grande famiglia vivrà ogni competizione come un'opportunità e saprà ricevere insegnamenti da ogni gara.

Interpretazioni diverse degli eventi danno luogo a decisioni e comportamenti differenti: reputare come intenzionale un comportamento non gradito può portare a reazioni anche rabbiose; mentre, se valutiamo tale condotta frutto di un errore involontario, la nostra reazione sarà ben diversa. In un ufficio, valutare il comportamento di un collaboratore come frutto di timidezza invece che di maleducazione porterà a reazioni emotive e a comportamenti del tutto differenti. L'ingorgo nel traffico può essere visto come la prova dell'odio divino nei nostri confronti, oppure un'occasione per dedicare del tempo agli esercizi di rilassamento. Di fronte a un problema posso focalizzarmi sull'immensità della mia sfortuna; oppure sulle risorse che dispongo per tentare di risolverlo.

Anche in questi casi valutazioni diverse mettono in atto comportamenti e stati d'animo differenti. Gli esempi potrebbero essere ancor più numerosi, ma in fondo si tratta poi sempre di questo: rivoluzionare il nostro modo di guardare alla realtà, per trovarne uno più funzionale ed efficace.

2.2. La volpe e l'uva: modelli funzionali e modelli consolatori del mondo

> «Invece di maledire il buio, prova ad accendere la luce.»
>
> Rielaborazione moderna di un antico detto cinese

> «Nessuno sta male per molto tempo se non per colpa sua.»
>
> Michel de Montaigne

Qualcuno ha detto che non esistono «dati»: noi abbiamo a che fare sempre e solo con dei «presi». Questa che sembra una battuta di spirito fa riferimento al fatto che noi costantemente selezioniamo dalla realtà ciò che desideriamo trovare. In altre parole non abbiamo mai a che fare con «dati» veramente oggettivi. La nostra mente è costantemente diretta dalle nostre aspettative e dai nostri desideri. Più che considerare la realtà così come è, noi siamo attenti al mondo «come dovrebbe essere». Ovvero a «come ci aspettiamo che sia». Ci costruiamo un modello del mondo, e poi cerchiamo continuamente ciò che ce lo conferma. La nostra valutazione cognitiva, il nostro modo di interpretare i fatti, discende da qui.

Una delle tesi di questo libro sostiene che alcune modalità interpretative degli eventi che adottiamo siano più funzionali di altre: ci rendono più resilienti e ci aiutano a raggiungere obiettivi sfidanti e a superare difficoltà. Non solo: vedere le cose in un certo modo, possedere un certo tipo di valutazione cognitiva, ci rende anche fisicamente meno vulnerabili allo stress come vedremo tra breve.

Spesso però finiamo per costruirci modelli «sbagliati», che alimentano lo stress. La passeggera che al check-in sbraita e poi è colta da una crisi isterica perché il decollo del suo volo è stato ritardato dimostra di portare dentro di sé la visione di un universo poco funzionale: la pretesa che esista un mondo obbligatoriamente prevedibile e giusto, dove «giusto» significa costretto necessariamente a soddisfare le aspettative. Questo modello del mondo innesca in lei comportamenti infantili, che si rivelano ancor più forieri di stress. Il passeggero rilassato accanto a lei è invece più propenso a vedere il mondo come un luogo dove gli imprevisti fanno parte del gioco. Il risultato sul lungo termine è una diversa quantità di frustrazioni ricevute negli anni, e, per quanto riguarda la signora, un'alterazione stabile di alcuni parametri fisiologici come la pressione arteriosa.

Attenzione: questo non significa voler farvi diventare imperturbabili e fatalisti, incapaci di ribellarsi alle ingiustizie. È invece la constatazione della bontà dell'insegnamento di Epitteto, che le persone cioè non sono stressate dai fatti ma da come li interpretano.

Ma se spesso è la nostra stessa valutazione cognitiva a suggerirci interpretazioni che alimentano lo stress o portano a comportamenti inadeguati, e questo perché avviene? Credo che il nostro cervello persegua delle priorità che ritiene come più importanti rispetto all'obiettivo di essere pienamente in contatto con la realtà. Sembra che una di queste priorità sia quella di salvaguardare l'ego, impedendoci di provare sentimenti negativi nei confronti della nostra stessa autostima.[5] Per ottenere questo scopo la nostra mente si è attrezzata per distorcere la realtà:

[5] In effetti è proprio quanto stanno svelando i più recenti studi nel campo delle neuroscienze cognitive. Si veda ad esempio C. Fine, *Gli inganni della mente*, Mondadori, Milano, 2006.

«troppa verità fa male» sembra essere qualche volta il motto del nostro cervello. Già nel 1984, Folkman e Lazarus, due autori fondamentali della teoria dello stress, operarono una distinzione fondamentale: quella tra le forme di «coping» (cioè di gestione delle avversità) dirette a modificare la realtà, e quelle incentrate sul «medicare» i propri stati emotivi. In questi casi il nostro cervello preferisce costruire modelli del mondo meno veri, ma più «zuccherati». Tali modelli producono un effetto consolatorio di fronte agli smacchi, le frustrazioni, gli insuccessi: salvano l'autostima, ma spesso lo fanno a spese del raggiungimento degli obiettivi.

Ciò vuol anche dire che, quanto più è ipertrofico il nostro Io, più saremo vulnerabili a qualsiasi stressor. Ci sono soggetti che vedono messa a repentaglio la loro intera autostima da ogni piccolo insuccesso o frustrazione. Sono persone che letteralmente «non sanno perdere», perché vivono qualsiasi delusione come catastrofica, come un attentato mortale alla propria visione di se stessi. Costoro si abituano a distorcere completamente la realtà, pur di mantenere intatta questa immagine di sé.

Altri modelli del mondo hanno come scopo quello di proteggerci dall'impegno, dalla fatica e dall'assumerci troppa responsabilità: molto meglio autocommiserarsi, vedersi nel ruolo di vittime universali, che mettersi in gioco in prima persona. Alcune di queste «trappole» sono ben note a chi lavora nelle organizzazioni: basti pensare alle continue lamentele circa le cause esterne che impediscono di fare il proprio lavoro. Il vantaggio di un modello cognitivo siffatto è che consente di non assumersi la responsabilità delle cose, attribuendola sempre all'esterno di sé. Il risultato produttivo forse è tragico: ma l'autostima è salva.

Altre volte ancora il nostro cervello genera modelli del mondo disfunzionali, lontani dalla realtà, per proteggerci emotivamente, per consolarci. Facciamo un esempio: una donna che si considera indesiderabile ha un collega che le fa la corte. Poiché lei ha bisogno di considerarsi indesiderabile (e vedremo perché), ignora o distorce le informazioni che proverebbero il contrario.

In altre parole, scarta quelle positive (che confuterebbero il suo modello di sé) e «prende» solo quelle che gli confermano l'idea dell'indesiderabilità. Se, poniamo, un altro collega la punzecchia e le fa notare che il suo spasimante continua a telefonarle, lei non nota le informazioni positive, le rimuove: «Che intendi dire? Non mi chiama così spesso!». Quando lo spasimante le fa dei complimenti lei pensa: «Lo dice soltanto perché vuole mantenere buoni rapporti di lavoro» (sminuisce le informazioni positive). Allorché il corteggiatore la invita a pranzo, lei si racconta: «Probabilmente le mie spiegazioni sul progetto di lavoro sono così poco esaurienti che lui è risentito per il tempo ulteriore che ci vuole» (salta a conclusioni negative).[6] La funzione del suo modo di interpretare i fatti è quella di proteggerla dall'essere ferita realmente: considerandosi a priori indesiderabile, e distorcendo di conseguenza tutta la valutazione cognitiva della realtà, ella si protegge dallo sperimentare reali rifiuti o abbandoni. Tuttavia questo modo di vedere gli eventi, che forse originariamente era servito come una necessaria difesa psicologica, oggi le causa più stress di quello da cui deve proteggerla. La soluzione potrebbe essere quella di apprendere a cambiare la propria valutazione cognitiva e ad accettare un certo livello di rischio emotivo.

Un modello consolatorio, particolarmente diffuso e pericoloso, è quello che attribuisce l'insuccesso a cause esterne. Per esempio, un atleta anticipa che non ha potuto prepararsi bene alla gara perché ha avuto poco tempo per allenarsi. In caso di successo potrà sempre attribuire la riuscita alla sua abilità personale (che ha compensato lo scarso allenamento); in caso contrario il fallimento non verrà attribuito alla sua mancanza di abilità, ma ai fattori esterni (gli impegni che l'hanno distolto dall'allenamento). In entrambi i casi l'ego e l'autostima sono salvi. In un blog di resoconti di gare di corsa, un'utente scrive a proposito di una competizione da cui si è ritirata: «Sapevo che con questa in-

[6] L'esempio è tratto da D. Greenberger, C.A. Padesky, *Penso dunque mi sento meglio*, Centro Studi Erickson, Gardolo, 1998.

fiammazione non avrei dovuto partecipare, ma testarda come sono ho voluto correre». L'ego e l'autostima sono salvi perché la responsabilità è dell'infiammazione (causa esterna incontrollabile). Non solo. Una siffatta valutazione dei fatti consente anche all'ego di trarne motivi di compiacimento: sono testarda e determinata.

Nel capitolo dedicato allo sviluppo della resilienza nei bambini vedremo come permettere piccole esperienze di sconfitta e di frustrazione, svincolate dal valore della persona, possano favorire, in realtà, la crescita di un'autostima più forte e flessibile. Chi teme ogni piccolo insuccesso personale deve, al contrario, armarsi di modelli del mondo come quelli descritti sopra, falsi ma pieni di invincibilità.

2.3. I potenti effetti della cognizione sull'organismo

> «Corpo e psiche non vanno separati. Eppure molti medici lo ignorano, ed è proprio per questo che sfuggono loro così tante malattie: perché non vedono il tutto.»
>
> Platone

Ho accennato che esiste una relazione tra valutazione cognitiva e risposta fisica allo stress. È giunto il momento di approfondire questo legame. Per poterlo fare, con quel sadismo irrefrenabile inscindibile dal progresso scientifico, utilizzeremo una cavia. Umana naturalmente. Ho chi fa al caso nostro. Claudio Bastrentaz nella sua breve ma già intensa vita si è permesso di scalare due volte l'Everest, raggiungendo la cima una volta addirittura senza ossigeno; discendere con gli sci diverse pareti nord delle alpi, tra cui i mille metri del Couloir Coutrier sull'Aiguille Verte (con tratti a 60°), la Nord del Breithorn, la Tour Ronde, i Lyskamm; alcuni anni fa, essendo stato lasciato dalla fidanzata, decise sostanzialmente di suicidarsi: si recò a Zermatt e scalò in pieno inverno e in solitaria la parete Nord del Cervino. Fortunatamente i romantici progetti di suicidio andarono storti: sopravvisse all'impresa e si trovò un'altra fidanzata, oggi mamma delle sue due bellissime bimbe. Non mi risultano invece propositi di suicidio o fidanzate dimissionarie alla base di un'altra impresa solitaria: una nuova via sulla cresta Ovest del Changtse (7500 m) in Tibet.

Conosco e lavoro da tanti anni con Claudio; anzi il nostro sodalizio è iniziato quando l'ho aiutato a preparare un'altra impresa, forse la più celebre, dove è stato costretto a lavorare a fondo sul tema della gestione dello stress.[7] Guida alpina e preparatore atletico nel campo dello sci (oltre che poeta vincitore di premi letterari), Claudio è molto interessato a tematiche come la meditazione.

Ora, collochiamo la nostra cavia umana su una parete vertiginosa. In questo caso lo stressor è la percezione del vuoto. La paura del vuoto è generale e innata. Essa infatti ha un valore evolutivo di salvaguardia della specie: se i piccoli dei nostri progenitori scimmieschi che trascorrevano gran parte del tempo sugli alberi non avessero istintivamente risposto con ansia alla percezione del vuoto, l'evoluzione umana si sarebbe arrestata ad un vasto cumulo di scimmiette spiaccicate ai piedi della vegetazione. Il celebre esperimento del baratro, costruito da Gibson negli anni '60, ha dimostrato che un lattante, posto su di una lastra di vetro che collega come un ponte due tavoli separati da un mini-precipizio, non solo percepisce il vuoto; ma si ritrae dalla «voragine» e si rifiuta di attraversarlo sulla lastra di vetro anche se dall'altra parte la madre lo chiama e lo sollecita con qualcosa di piacevole.

Gli alpinisti che non hanno paura del vuoto sono dunque una leggenda; e quelli che ne erano davvero privi sono ormai tutti

[7] Dell'exploit di «Val d'Aosta a fil di cielo» parleremo diffusamente nel capitolo 3.

estinti perché non hanno avuto abbastanza tempo per lasciare discendenti. Anche gli alpinisti esperti avvertono l'ansia collegata all'esposizione al vuoto, tuttavia sono in grado di gestire questo tipo di emotività. Di fronte all'esposizione al vuoto danno vita a una valutazione cognitiva di questo tipo (anche se nella realtà in gran parte inconsapevole e, soprattutto, silenziosa): «Ehi, qui non c'è da scherzare! Se cado mi riduco una frittella. Però è una situazione che sono in grado di gestire perché: a) l'ho già gestita molte altre volte; b) ho comunque imparato negli anni una serie di tecniche e procedure per sbrigarmela appeso a una parete. Sicché: tutto è sotto controllo e ce la posso fare». Una valutazione cognitiva del genere, che in realtà avviene nell'arco di un istante, porta a una serie di risultati: lo stato emozionale che il soggetto si trova a vivere è quello di un'ansia addomesticata, uno stato di allerta che si può facilmente controllare. Il corpo reagisce a questo leggero stato d'ansia preparandosi ad affrontare una minaccia seria ma non letale. E qui entra in gioco un meccanismo che conviene conoscere a fondo per capire lo stress. Madre Natura ha inserito dentro di noi, non intendo solo noi umani, ma anche tutti i vertebrati, una specie di software biologico finalizzato ad aumentare le probabilità di sopravvivenza in caso di minaccia. Si tratta di quel fenomeno generale che è stato definito «Reazione di Lotta o Fuga» (Fight or Flight Response o FFR): di fronte a uno stimolo emozionale connesso alla percezione di una minaccia, alcuni centri nervosi provocano il rilascio nel sangue delle catecolamine. Si tratta di una famiglia di ormoni, il cui rappresentante più celebre è l'adrenalina: il risultato è che l'animale viene così istantaneamente preparato a fuggire o a lottare, cioè ad agire in modo molto intenso. Anche quando saliamo su di un ottovolante per sperimentare «l'effetto adrenalina» sfruttiamo la FFR; in maniera istintiva il software nel nostro cervello riconosce una potenziale minaccia e libera l'ormone. Ma è proprio la valutazione cognitiva della situazione («siamo al luna-park, non c'è reale pericolo») a permettere di controllare una reazione che potrebbe essere, come vedremo, di puro panico. Ed è proprio il piacere di controllare una potenziale fonte di panico che rende divertente l'esperienza.

Tra gli effetti sull'organismo della FFR, c'è l'istantaneo aumento degli zuccheri nel sangue (per rendere immediatamente disponibili all'organismo i substrati energetici necessari a compiere sforzi eccezionali). Inoltre il cuore accelera per rifornire i muscoli di ossigeno e prepararli all'azione; la ventilazione diventa più frequente e il tono muscolare si innalza; il sangue si allontana dalla cute (per questo chi ha una forte emozione impallidisce) e dagli organi interni per rifornire di ulteriore sangue le fibre muscolari; la pressione del sangue aumenta e avviene una diminuzione del tempo di coagulazione del sangue (per ridurre le perdite ematiche in caso di ferita). Vi ricordate l'imbarazzante aumento dell'attività intestinale di cui abbiamo parlato innanzi a proposito di come certi soggetti vivono i prodromi di una gara sportiva? Ebbene, rientrano in questo meccanismo. Avete mai provato a spaventare uno stormo di piccioni, facendoli levare in volo velocemente? Pensavate che il bombardamento dall'alto che subito vi veniva rivolto fosse una sorta di rappresaglia volontaria? Ma no. È semplicemente che Madre Natura ha previsto che un istantaneo alleggerimento consentisse maggiore velocità di fuga, e quindi più probabilità di sopravvivenza per l'animale.

La «Reazione di Lotta-Fuga» continua a essere presente e funzionante dentro di noi, sebbene le sue occasioni di utilizzo ai fini della sopravvivenza siano sempre più rare nella società civilizzata: è infatti raro incontrare animali feroci o torme di cannibali affamati nelle nostre città. Paradossalmente, questo meccanismo che doveva tutelare la sopravvivenza si è trasformato in una fonte di patologie legate allo stress. Difatti, nonostante la carenza di predatori in giro per abitazioni e uffici, l'FFR trova ancora molte occasioni per entrare in gioco. Sono cambiate le fonti di minaccia: non più pericoli concreti, fisici, materiali. Ma minacce molto più astratte e immateriali: l'insuccesso, le tasse da pagare, l'ingorgo nel traffico, i cattivi rapporti con colleghi e collaboratori. È successo che il mondo negli ultimi ventimila anni è cambiato radicalmente: viviamo in un ambiente sociale pieno di regole, prescrizioni e divieti. Non c'è più consentito reagire alla suocera come si sarebbe fatto una volta di fronte all'attacco dell'orso, cioè cercando di morderle la giugulare. Tuttavia, nonostante il cambiamento dell'ambiente sociale, la nostra struttura cerebrale è rimasta la stessa di centinaia di migliaia di anni fa. E la risposta FFR continua regolarmente ad attivarsi di fronte alle minacce odierne: per esempio quando ci arrabbiamo con il capo, siamo intrappolati in un ingorgo o quando i collaboratori battono la fiacca. Sono le norme sociali interiorizzate a impedirci di fare scempio degli altri automobilisti, del capo, dei collaboratori, a tenere a freno il cervello rettiliano.[8]

Secondo alcune fra le più accreditate teorie[9] sulle malattie da stress, sarebbe l'inibizione prolungata dell'azione (non puoi né lottare né fuggire) a favorire la comparsa di patologie come l'ulcera[10] e l'ipertensione: infatti l'inibizione prolungata comporta la secrezione ininterrotta di ormoni come la noradrenalina, che favoriscono l'ipertensione attraverso la compressione arteriosa cronica; o il cortisolo[11] che abbassa le difese immunitarie.

[8] Il richiamo scherzoso al cervello rettiliano fa riferimento alla teoria del cervello trino, elaborata dal neuroscienziato P.D. McLean (P.D. McLean, *The Triune Concept of Brain and Behavior*, in *Hincks Memorial Lectures*, a cura di F.J. Boag e D. Campbell, University of Toronto Press, Toronto, 1973). Secondo questo modello il cervello umano può essere considerato un sistema a tre strati, dove ciascun livello esprime una tappa evolutiva fondamentale. Lo strato più antico e profondo è il cervello rettile, cioè la nostra eredità dai nostri progenitori più lontani, individuabile anatomicamente nel tronco encefalico. Il cervello rettiliano si occupa funzionalmente dei comportamenti stereotipati e legati alla semplice sopravvivenza, come respirare e mangiare. Secondo McLean, il cervello rettiliano – se non venisse regolato dalla parte cognitiva – esprimerebbe in risposta alla realtà emozioni e comportamenti assolutamente primitivi e poco flessibili; ovvero, in riferimento alle situazioni di stress sociale descritte nel testo, di tipo «bestiale».

[9] H. Laborit, *L'Inhibition d'Action*, Masson, Paris, 1979.

[10] La relativamente recente scoperta che la responsabilità finale dell'ulcera sia legata a un batterio è comunque del tutto compatibile con il modello di Laborit, perché l'inibizione dell'azione creerebbe lo stato infiammatorio della mucosa su cui il batterio trova terreno fertile in quanto privo di difese.

[11] Ormone steroide prodotto nella corticale del surrene. Ha un importante ruolo nel metabolismo delle proteine, degli zuccheri e dei grassi. Ha un'attività anti-infiam-

Ma, accidenti, torniamo alla nostra cavia appesa nel vuoto. Lo avevamo abbandonato dicendo che la sua valutazione cognitiva della situazione era tale da produrre un'ansietà moderata: vale a dire, Claudio sente di essere di fronte a una minaccia seria, ma che è in grado di gestire. La FFR che viene scatenata da questa lettura della realtà è una reazione di entità moderata: c'è un po' di adrenalina che entra in circolo, il cuore batte un pochino più forte, la ventilazione accelera leggermente. In conseguenza a ciò, il cervello di Claudio si trova a essere più ossigenato, dunque più lucido e pronto. Il tono muscolare sale leggermente e la coordinazione migliora. L'effetto della valutazione cognitiva data da Claudio ha come conseguenza un adattamento dell'organismo funzionale all'obiettivo (non cadere!).

Se per sommo sadismo ponessimo accanto a lui, sulla parete, un soggetto a digiuno di alpinismo, anzi sofferente di vertigini, avremmo una valutazione cognitiva iniziale totalmente diversa. A livello cognitivo il soggetto leggerebbe la situazione come totale impotenza («Aiuto! Sono finito. Non c'è nulla che possa fare per impedirmi di cadere!»); la reazione emotiva sarebbe molto più potente, di vero panico. E la reazione fisiologica risulterebbe così elevata da essere disfunzionale alla sopravvivenza: troppa adrenalina provoca una tale accelerazione del respiro che il poveraccio finirebbe per non riuscire a riempire bene i polmoni: con conseguente scarsità di ossigeno al cervello e mancanza di lucidità e di coordinazione. Un innalzamento esagerato del tono muscolare renderebbe i suoi avambracci in poco tempo totalmente contratti e pieni di acido lattico. Il tizio comincerebbe a tremare e sussultare fino a che non sarebbe più in grado di tenere la presa. La risposta inadeguata (in quanto esagerata) dell'organismo anticipa, e rende inevitabile, la caduta finale.

Eppure lo stesso Claudio, in circostanze che lo hanno spinto a adoperare una valutazione cognitiva diversa, è stato colto dal

matoria e anti-dolorifica. È uno dei principali cosiddetti «ormoni dello stress» perché la sua secrezione è sensibile agli stimoli emozionali e alle situazioni stressanti.

panico: alcuni anni fa, me l'ha raccontato lui stesso, gli capitò di doversi affacciare dal decimo piano di un palazzo. Si sporse dal parapetto e, proprio lui, specialista in itinerari vertiginosi in solitaria fu colto per qualche istante dal panico. Lo stressor era identico: il vuoto. Ma la «lettura» della situazione era completamente diversa. Claudio sentiva di non poter fare nulla per controllare quella minaccia; i processi, le tecniche e l'esperienza in suo possesso in quel caso non servivano a nulla.

Il legame tra cognizione e fisiologia è stato provato da vari esperimenti. Tra i più divertenti, quello di Lazarus e colleghi che misuravano la frequenza cardiaca e la risposta galvanica cutanea (anche essa legata alla FFR) in soggetti esposti alla visione di filmati cruenti. Prima della visione gli spettatori ricevevano codificazioni diverse dei filmati: a un gruppo le scene dei film venivano esplicitamente presentate come reali. Ad altri come «finzione». Quando i filmati (che come il «bicchiere mezzo vuoto-mezzo pieno» erano sempre gli stessi!) venivano visti come «finzione», producevano negli spettatori un livello di frequenza cardiaca e di risposta galvanica cutanea significativamente minore. Quando gli spettatori pensavano si trattasse di scene reali, la valutazione cognitiva leggeva il contesto come più minaccioso, e la risposta fisica risultava molto più intensa.

2.4. Circuiti dello stress

In questo capitolo ho descritto le modalità di funzionamento della resilienza, che riassumo nella figura 1: l'evento negativo, lo stressor, la difficoltà vengono percepite dal soggetto che le analizza attraverso il suo filtro cognitivo. Questa fase, che abbiamo chiamato «valutazione cognitiva», è la chiave per determinare quanto stress colpirà il soggetto. Se, come Claudio negli esempi precedenti, vedo la difficoltà come controllabile e in qualche modo gestibile, vivrò una reazione emotiva a basso allarme, e le mie risposte fisiologiche di stress saranno blande. Per

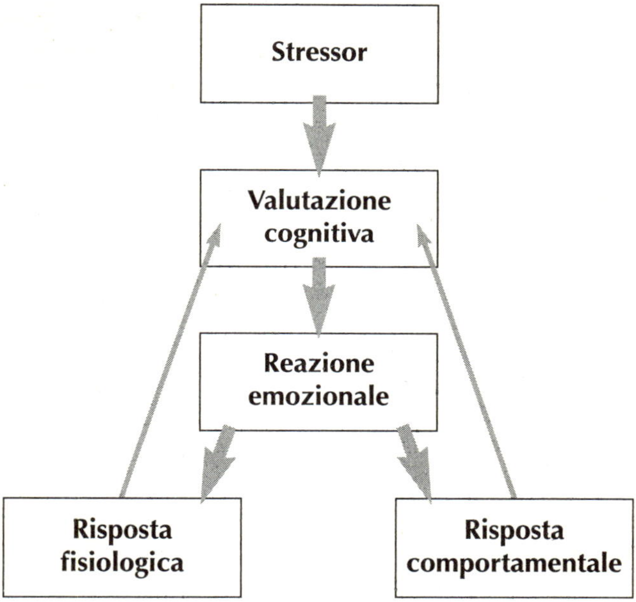

inciso si noti che il senso di controllo non è l'unica variabile cognitiva a determinare il tipo di interpretazione adottata, come vedremo oltre. La resilienza di un individuo è quindi determinata in gran parte dal suo «filtro cognitivo» e dall'impatto di questo sui processi fisiologici, emotivi e comportamentali.

Per tagliare il capello in quattro, bisogna precisare che esistono minacce e stressor il cui fronteggiamento esula l'elaborazione cognitiva (e dunque l'aspetto della resilienza del soggetto). Da ragazzo mi ricordo, correndo in discesa su di un sentiero, di aver saltato una vipera e, solo dopo, di essermi reso conto dell'accaduto. Non c'era stata nessuna interpretazione cognitiva della situazione, né possibilità di modulare la risposta emozionale, fisica e comportamentale. La corteccia cerebrale, che fornisce il substrato materiale al filtro cognitivo, era stata bypassata per motivi di urgenza. L'amigdala, piccola struttura a forma di mandorla (amygdala, in latino), in questi casi provvede a regolare tutta la sequenza di reazioni scavalcando i centri corticali superiori.

L'arte della resilienza si applica quindi a stressor e a problematiche che non sono istantanee, che sono complesse e che non richiedono una semplice reazione automatica: sono difficoltà che il più delle volte bisogna imparare a gestire mentre le si sta affrontando.

Punti chiave

- **La valutazione cognitiva è il modo in cui noi interpretiamo normalmente gli eventi, il modello che ci siamo costruiti del mondo. Si può vedere il bicchiere mezzo vuoto o mezzo pieno: il bicchiere rimane sempre lo stesso, ma quelli che ricaviamo sono due modelli del mondo completamente opposti. La valutazione cognitiva determina la risposta comportamentale, emozionale e fisiologica agli eventi.**
- **Un concetto chiave: le persone non sono stressate dagli eventi in sé, ma dal modo in cui li interpretano. Cioè alcuni tipi di valutazione cognitiva, alcuni modelli del mondo, ci rendono più vulnerabili allo stress.**
- **Alcuni modelli del mondo che ci costruiamo sono funzionali: ci fanno diventare più resilienti, ci aiutano a raggiungere obiettivi sfidanti e ci rendono anche fisicamente meno vulnerabili allo stress. Altre volte vengono generati modelli del mondo lontani dalla realtà, del tutto disfunzionali nell'affrontare il mondo, con lo scopo di salvaguardare l'ego dal senso di fallimento o da una diminuzione dell'autostima. Oppure capaci di proteggerci dalla sofferenza emotiva. Ovvero dal prenderci troppa responsabilità in prima persona.**
- **La risposta fisiologica agli eventi è strettamente legata alla valutazione cognitiva. In situazioni di emergenza questo fatto può fare la differenza tra sopravvivere o morire.**

Parte seconda

«Hic sunt leones»
Viaggio ai vertici della resilienza

Capitolo tre

Impegno e controllo

3.1. Impegno: ciò che fa la differenza con l'ottimismo a buon mercato

«Se ce la metto tutta, non posso perdere. Forse non vincerò una medaglia d'oro, ma sicuramente vinco la mia battaglia personale. È tutto qui.»
Ian Thorpe, pluricampione olimpico

Nell'autunno successivo alle Olimpiadi di Atene del 2004 passai una settimana in ritiro con i nuotatori della forte compagine milanese della DDS, tra i quali c'era Federica Pellegrini, reduce dalla medaglia d'argento olimpica. Alla fine della settimana chiesi un favore a Federica: «Se tu dovessi mandare un messaggio che condensi tutta l'esperienza che hai fatto fino a ora a dei giovanissimi desiderosi di intraprendere lo sport ad alto livello, cosa diresti loro in tre parole?» Volevo realizzare un messaggio filmato da utilizzare per le conferenze sullo sport rivolte al pubblico più giovane. Federica non ebbe esitazioni. «Direi loro, se hanno un sogno, di crederci, crederci fino in fondo perché questa è la sola chiave che ti porta in alto» rispose.

Federica ha ragione. Crederci è il primo passo. Ciò che consideriamo impossibile non riusciamo a realizzarlo. Le nostre convinzioni sulle possibilità di riuscita condizionano il risultato finale, che si tratti di raggiungere un obiettivo o di superare delle avversità. Come al solito è questione di valutazione cognitiva. Gli atleti lo sanno bene, o perlomeno lo dovrebbero sapere. Ma non è questione di magia: come se il «crederci», di per sé, ci portasse automaticamente all'obiettivo. Il fatto è che la convinzione di riuscire produce un circolo virtuoso.

La vicenda del record sul miglio di corsa è paradigmatica in questo senso: per tanti anni i migliori atleti avevano cercato di scendere sotto i quattro minuti, fallendo tutti. Alla fine tentavano ancora, ma senza reale convinzione. Roger Bannister era convinto di potercela fare: la convinzione si tramutò in comportamenti concreti, cioè nella ricerca di nuovi mezzi di allenamento per raggiungere l'obiettivo. Nel 1954 ottenne il record. Ma la cosa più sorprendente è quello che avvenne subito dopo: nel corso dell'anno successivo furono realizzate da altri atleti oltre trecento ripetizioni del record. E tra questi atleti non solo grandi campioni come Kip Keino, ma anche studenti di college.

Se si analizzano gli effetti dell'abbattimento di un record, ci troviamo sempre di fronte allo stesso modello comune: quando una prestazione straordinaria si dimostra realizzabile, aumenta in tutti i soggetti la convinzione di poter ottenere quel determinato risultato. Viene tolta una barriera mentale e si apre la porta all'impegno.

Attenzione a questa parola: «impegno». Il meccanismo che fa funzionare positivamente le convinzioni di controllo si basa proprio su questo: sul fatto di scatenare l'impegno verso un obiettivo. Ma il segreto per far scaturire il ricorso all'impegno nelle vicende umane consiste nel vedere gli eventi come, almeno in parte, dipendenti da noi.

Il primo ad aver teorizzato questo fatto è stato James Rotter nel 1966, elaborando la teoria del *locus of control* (luogo del controllo). Il «locus of control» è il timone della propria vita. Secondo Rotter gli individui si classificano in base a dove posizionano tale controllo: se internamente o all'esterno. Coloro che pongono il luogo del controllo internamente, dentro di sé, ritengono che le cose dipendano in massima parte da loro: farcela o non farcela, raggiungere o meno un obiettivo dipende dalle proprie capacità e dal proprio impegno.

L'individuo con il luogo del controllo *esterno* ritiene invece che la propria vita e il raggiungimento degli obiettivi siano determinati dal fato, dal caso, dalla fortuna o dagli dei.

Una cosa del genere non deve suonarvi strana: l'ingentissimo fatturato annuale (quasi tutto sommerso) prodotto dall'industria italiana dei maghi, cartomanti e occultisti è la riprova che nel nostro paese moltissima gente ritiene di non avere in mano il controllo della propria esistenza.[1] Attribuirsi un luogo del controllo totalmente esterno è rischioso: significa alimentare passività e rassegnazione. Come ha scritto l'etologo e psicanalista Boris Cyrulnik: «parlare in termini di persone 'fortunate' o sfortunate determina di per sé un certo tipo di destino. Perché a chi è sfortunato non si può fare più che dargli un po' di elemosina».

Al contrario, sforzarsi di vedere la raggiungibilità di un obiettivo come dipendente (almeno in parte) da noi ci spinge a darci da fare. Questo processo cognitivo comporta un aumento della presa di responsabilità individuale.

Bernard Weiner ha approfondito l'analisi di Rotter. Egli ha dimostrato che possiamo attribuire la possibilità di ottenere un obiettivo, o di superare una difficoltà, a un numero ben preciso e finito di fattori: impegno, abilità personale, facilità dell'obiettivo, aiuto esterno, fortuna oppure alla loro mancanza. La miscela dei fattori dà vita a un'interessante tipologia di stili:

[1] Secondo il rapporto di Telefono Antiplagio (dicembre 2006) sono ventunomila i maghi e gli astrologi «professionisti» presenti in Italia; trentamila sono le persone che ogni giorno si recano presso di loro per ricevere delle «consulenze». Cinque miliardi di euro è il fatturato annuo totale di maghi e cartomanti.

Stile resiliente	*Il soggetto attribuisce il suo successo all'impegno e il suo insuccesso alla mancanza di impegno*
Stile depresso	*Il soggetto attribuisce il suo successo a cause esterne e il suo insuccesso alla mancanza di talento*
Stile negatore	*Il soggetto attribuisce il suo successo al talento e il suo insuccesso a cause esterne*
Stile pedina	*Il soggetto attribuisce sia il suo successo che l'insuccesso a cause esterne*
Stile talentuoso	*Il soggetto attribuisce il suo successo al talento e il suo insuccesso alla mancanza di talento*

Modificato da Ravazzolo, De Beni, Moè, 2005

Nell'opinione pubblica, quando si parla grandi campioni sportivi, di «fenomeni», si tende a addebitare i successi al talento. Con questo termine il senso comune indica le capacità innate, le abilità che si posseggono come un dono. Infatti etimologicamente la parola «talento» deriva dal latino *talentum*, che in epoca paleo-cristiana assunse un significato diverso da quello di moneta per diventare il simbolo dei doni ricevuti da Dio.

Enfatizzare troppo l'abilità personale può essere fuorviante. Infatti il talento rappresenta, per definizione, un fattore non controllabile: si nasce avendolo ricevuto, ma non lo si acquisisce. Uno stile attributivo che dia troppo risalto all'importanza del talento è controproducente in caso di insuccesso: infatti, se i miei fallimenti dipendono dal fatto che «non ho la stoffa» (invece che dall'impegno che ci metto...), non ho alternative all'insuccesso.

«Un tecnico che instilli al giovane attribuzioni esclusivamente basate sul talento» spiega Roberto Campaci, il tecnico della nazionale italiana di sci di fondo (tra l'altro già responsabile del settore giovanile nazionale) «persegue una strategia suicida. Capita spesso di fare questo errore per esempio quando ci si trova a seguire un atleta che è più avanti come età biologica rispetto ai suoi coetanei anagrafici. Costui vince tutto facilmente. In questi casi il compito paradossale del tecnico dovrebbe essere quello di 'frenarlo'. È infatti rischioso che il ragazzo sviluppi l'idea di essere 'più dotato', di 'avere più motore' dei coetanei. È rischioso perché, quando i coetanei lo raggiungeranno dal punto di vista dello sviluppo fisico e motorio annullando il vantaggio biologico, avranno nel frattempo sviluppato forme di attribuzioni diverse, che consentono di 'metabolizzare' sconfitte e fallimenti. L'ex ragazzo prodigio invece, di fronte ai primi insuccessi che non è capace di 'digerire', sarà incapace di comprendere perché il suo modello del mondo è andato in pezzi. All'improvvisa perdita del talento non saprà come reagire. Tanti abbandoni della disciplina di giovani promettenti avvengono così.»

In realtà in tutte le interviste, i più grandi campioni non parlano di talento ma fanno sempre riferimento, quale artefice dei loro risultati, al duro impegno. Ericcson e Charness hanno studiato le prestazioni di alto livello in diverse discipline: hanno concluso che gli atleti migliori di ogni disciplina sono caratterizzati dall'allenarsi nel proprio sport con maggior impegno rispetto agli altri.[2] Nel mondo dello sport o nel mondo del lavoro, le persone molto resilienti sono quelle che attribuiscono il successo all'impegno. E che addebitano l'insuccesso alla mancanza di impegno. Pensarla in questo modo genera, in caso di fallimento, un meccanismo cognitivo estremamente efficace: il soggetto non pensa di non essere dotato, o che il mondo ce l'ha con lui. Egli è invece portato a concludere di non essersi impegnato abbastanza. Ciò mette in salvo le sue future aspettative di successo («se mi impegnerò di più, la prossima volta potrò farcela»): il risultato finale è che egli tenderà ad aumentare il coinvolgimento e l'impegno espresso.

C'è una sola condizione in cui l'enfasi sull'impegno personale può risultare controproducente e alimentare stress: quando ci si

[2] K.A. Ericcson, N. Charness, *Expert Performance: Its Structure and Acquisition*, in *American Psychologist*, (1994), 49, cit. in R.N. Singer, I. Orbach, R. Lidor, M. Bar Eli (a cura di), *Sport Psychology: Linking Theory and Practice*, Morgantown, Fitness Information Technology, 1999.

impegna a perseguire un obiettivo realmente irraggiungibile. Sherman James della Duke University l'ha definita «sindrome di John Henry» o John Henryismo: con il termine fa riferimento allo stile comportamentale adottato dalle persone che sono abituate a prendere tutto di petto, a reagire con un ipercoinvolgimento nelle difficoltà, con scarsa cognizione dei loro limiti reali. Queste persone, secondo Duke, finiscono per «farsi del male» da sole.

La sindrome prende nome dall'omonimo eroe popolare americano: un gigantesco operaio di colore che, con la sua trivella a mano da sei pollici, sfidò nello scavo di una galleria una trivella d'acciaio a vapore. Inutile precisare che andò incontro al fallimento. Quando si stanno affrontando difficoltà oggettivamente insormontabili, mettere l'accento sull'impegno personale, spostare totalmente all'interno il «locus of control» è rischioso e può generare frustrazione, stress e rischio di malattie cardiovascolari. Certo, a volte il problema è capire se i limiti sono realmente insormontabili: occorre saggezza e molta consapevolezza di sé. E occorre anche rammentarsi la celebre preghiera di Reinhold Nieburh, motto degli Alcolisti Anonimi: «Dio mi ha concesso la serenità di accettare le cose che non posso cambiare, il coraggio di cambiare le cose che posso cambiare, e la saggezza di cogliere la differenza».

3.2. Dove nasce il senso di controllo

«Il piacere è stato di compiere qualche cosa che, la prima volta che vi ho pensato, mi era apparso al di sopra dei miei mezzi.»

Gérard d'Aboville dopo la traversata del Pacifico a remi in 134 giorni, 1991

«I piedi sono congelati, il vento aspira ogni stilla di calore dai muscoli e dalle giunture, e io sento che non potrò mai più riuscire a scaldarmi per il resto della mia vita. Vorrei rimanere qui, rinchiuso nella tenda, ma poi quella voce mi ordina: 'Vai fuori, vai fuori e provaci'.»

David Hempleman-Adams, *Polo Nord*, Piemme, Milano, 1999

Un altro importante costrutto teorico strettamente «imparentato» con il senso di controllo è il concetto di «autoefficacia», elaborato da Albert Bandura. Bandura, un gigante della psicologia cognitiva, professore alla Stanford University, ha individuato per primo la dimensione psicologica dell'autoefficacia.

Il suo punto di vista è molto semplice: ciò che le persone credono – le loro aspettative di successo – influenza stati affettivi, motivazione e comportamento. Il senso di autoefficacia corrisponde a quelle che fino a ora abbiamo definito «convinzioni di controllo»: cioè l'idea che abbiamo circa la nostra capacità di ottenere determinati risultati. Ma la psicologia è debitrice verso Bandura non tanto per la novità teoretica della sua impostazione, quanto per l'aver prodotto migliaia di ricerche in tutti i campi applicativi finalizzate allo studio degli effetti dell'autoefficacia personale.

In molte conferenze e seminari, per illustrare cosa sia concretamente la spinta a sentirsi autoefficaci e a controllare l'ambiente, utilizzo un filmato particolare: si vede una bambina di un anno e mezzo che spontaneamente tenta la scalata di un masso di fronte al quale si trova. Durante «l'ascensione» si dà da sola dei comandi verbali tipo: «Devi fare attenzione!» ed è interamente coinvolta nell'azione. Quando giunge sulla «cima» prova un evidente piacere e si complimenta con se stessa parlando in terza persona. Immagini del genere evidenziano che il senso di controllo corrisponde a un bisogno molto profondo e rappresenta una delle maggiori spinte motivazionali dell'individuo. Se non vengono inibiti da piccoli, gli esseri umani sviluppano una forte motivazione a impegnarsi nel controllare se stessi e l'ambiente, e ad acquisire sempre nuove capacità. E quando raggiungono il successo in queste attività manifestano un forte piacere. Il piacere di «farcela» è un piacere molto intenso, molto antico e più stabile e profondo di quello dato da «vincere» (anche se la nostra società enfatizza quest'ultimo a spese del primo): la felicità del bambino che impara ad andare in bicicletta senza rotelle, quella del «tapascione», il maratoneta dilettante, che riesce a portare a termine, provato, distrutto, sfigurato dalla fatica, l'ambita prima maratona; il paracadutista, l'apneista, l'alpinista che dichiarano: «volevo provare i miei limiti»...

Oggi sappiamo che il senso di controllo ha basi biologiche: Madre Natura ha creato nel nostro sistema nervoso un meccanismo che ci spinge a esplorare noi stessi e l'ambiente, e a ricercarne il controllo. Ciò ha favorito la nostra sopravvivenza di animali «non specializzati», permettendo alla nostra specie di trasformare un apparente handicap (non avere un ambiente, una forma di nutrimento e un'attività specifici) in un vantaggio evolutivo. Grazie ai recentissimi studi di Irving Biederman, della Southern California University (2006) sui mu-oppioidi, cominciamo a scoprire che il «piacere di farcela» è una realtà con fondamenti anche biologici: esso si appoggia a specifici neurotrasmettitori e particolari aree cerebrali.

A questo proposito è stato dimostrato che il senso della propria autoefficacia rappresenta una fonte di piacere già tra i neonati di 7-8 settimane. In un noto esperimento di Bower, pubblicato sulla rivista *Nature*, un neonato cieco dalla nascita sorrideva quando gli si permetteva di esercitare un controllo attivo su di un oggetto sonoro. Essendo cieco il bambino non aveva mai manifestato prima la risposta istintiva del sorriso, perché essa di solito compare in risposta a stimoli visivi, come i volti. I ricercatori interpretano la risposta del sorriso come una manifestazione di piacere del neonato, data dal sentire che le proprie azioni hanno un effetto sull'ambiente.

In un'altra classica esperienza, realizzata da una coppia di ricercatori, i Papousek, i soggetti erano bambini di quattro mesi con un normale sviluppo. Essi si dimostrarono in grado di apprendere movimenti «complessi» del capo, se tali movimenti permettevano loro di ottenere degli effetti tangibili sull'ambiente: per esempio causare l'accensione di flash multicolori. Si noti che non si tratta di una forma di condizionamento, in quanto non venivano utilizzate nell'esperimento forme di premi o punizioni. La gratificazione era rappresentata esclusivamente dalla possibilità di sperimentare la propria autoefficacia sulla realtà.

Più oltre nello sviluppo, il piacere di esercitare la propria autoefficacia si manifesta nella testarda volontà di voler fare le cose autonomamente: l'incubo delle mamme e dei papà che hanno fretta di portare i figli all'asilo. Attenzione a non frustrare troppo precocemente questa spinta (compatibilmente con l'evitare il licenziamento per troppi ritardi...): come vedremo nel capitolo dedicato alla costruzione della resilienza nei bambini, il rischio è di formare un individuo passivo, scarsamente resiliente.

3.3. Topi, internati e scimmie dirigenti: i benefici fisici del senso di controllo

> «Se si è convinti di essere in grado di gestire lo stress, si producono reazioni stressanti di minore entità.»
>
> Lazarus e Alfert

Due topi. Due roditori da laboratorio, due insignificanti martiri della scienza. Lo sperimentatore li pone in una gabbia. Non si tratta di una gabbia qualsiasi: è un recinto elettrificato. Il pavimento può essere attraversato da scariche a bassa intensità, non letali ma molto dolorose.

Uno dei due esemplari ha la possibilità di interrompere la corrente. In altre parole, scopre dopo breve che, premendo la levetta posta davanti a lui, può arrestare le scariche. L'altro animale è vincolato al pavimento, non può muoversi, non può reagire, può solo aspettare impotente. Arriva la corrente: entrambi sussultano e squittiscono dolorosamente ma il topo libero preme la leva; la scarica cessa per entrambi gli animali.

Se il primo animale può illudersi di «controllare» in qualche modo la situazione, l'altro topo invece non può fare nulla. Subisce e basta. Alla fine dell'esperimento entrambi gli animali hanno ricevuto la stessa quantità di corrente, per la stessa durata, nelle stesse circostanze.

Ma dal punto di vista dello stato di salute la situazione è nettamente diversa. Il topo che poteva manovrare la levetta è rimasto in piena forma: pelo lucido, massa magra eccellente, reattivo. L'animale privato della possibilità di controllo è invece un disastro: presenta un livello di cortisolo estremamente elevato, una funzione immunitaria ridotta, perde il pelo a ciuffi e ha gli occhi rossi e iniettati di sangue come i topi stressati dei cartoni animati. Eppure le scosse sono state le stesse per entrambi.

I ricercatori sono riusciti a ottenere, utilizzando lo stesso protocollo, la formazione di ulcere gastriche in esemplari di scimmie rese passive.[3] Con un ironico riferimento al mondo manageriale l'esperimento è diventato noto come «l'esperienza della scimmia dirigente»: il riferimento va ovviamente alla scimmietta che aveva accesso alla «leva del potere» e che non sviluppava alcuna patologia. La memoria va a qualche politico italiano del recente passato. E al celebre monito: «il potere logora... chi non ce l'ha» che ora finalmente trova anche una conferma sperimentale.

Alcuni studiosi hanno coniato il termine «impotenza appresa» per descrivere l'apatia permanente che si può generare in animali di laboratorio resi passivi per parecchio tempo di fronte a uno stressor. In sostanza, se l'animale viene sottoposto a varie situazioni di stress che non può modificare in nessun modo, cioè se sperimenta l'ambiente come totalmente privo di controllo, svilupperà un azzeramento permanente nel senso di autoefficacia: messo anche in condizione di disagio, non farà niente per tentare di sottrarvisi. La sua vulnerabilità fisiologica allo stress sarà molto più elevata rispetto ad animali che mantengono un elevato senso di controllo.

La convinzione di avere il controllo sugli eventi può limitare i danni fisici dello stress anche negli esseri umani. In alcune sperimentazioni è stato concesso agli ospiti di case di riposo di aumentare il loro margine di controllo sulla vita quotidiana: gli anziani potevano per esempio scegliere il menù dei pasti del giorno successivo, decidere le attività sociali da praticare, occuparsi in prima persona di piccole incombenze normalmente svolte dal personale di assistenza. Il risultato pratico è stato sorprendente: non solo queste persone si descrivevano nei questionari come più felici di prima, ma il loro stato di salute, certificato da medici non a conoscenza di chi partecipasse al programma e chi no, migliorò in maniera impressionante. Una delle ricerche riporta una dato che inizialmente ha lasciato scettico anche me: il tasso

[3] J.V. Brady, *Ulcers in «executive» monkeys*, in *Scientific American*, (1958), 10, 95-100.

di mortalità del gruppo che aveva goduto di un aumento di controllo era diminuito significativamente rispetto a quello degli altri ospiti.[4]

La cosa stupefacente è che conta poco il controllo effettivo: conta la convinzione di possederlo. Può darsi che io in realtà non controlli un bel niente, ma se sono convinto di farlo subirò meno danni da stress.

Nell'uomo la convinzione di controllo può aggrapparsi a cose molto meno concrete di una levetta da manovrare. Un uomo, quasi piangendo per il dolore ai piedi feriti, per il gelo e per il freddo vento contrario, percorre zoppicando in una lunga colonna i tre chilometri che separano il lager dal posto di lavoro. Come ogni giorno la sua mente è assorbita dai mille piccolissimi problemi posti dalla misera vita quotidiana all'interno del campo: dove trovare un pezzo di filo di ferro per sostituire quello che serviva come stringa delle scarpe che si è rotto? Ci sarà da mangiare stasera? Troverò sul posto di lavoro il solito capo operaio, oppure ce ne sarà un altro, magari rabbioso e manesco? Quest'uomo, Viktor Frankl, psicologo austriaco che ha lasciato una testimonianza eccezionale di come funzioni la mente umana durante un'esperienza così terribile come quella dei campi di concentramento, così scrive: «Mi dà ormai la nausea, l'orrenda coercizione che ogni giorno, ogni ora, incatena il mio pensiero solo a questi problemi. E allora uso un trucco: improvvisamente mi vedo in una sala per conferenze: ben illuminata, bella, calda; sono sul podio. Davanti a me, un pubblico interessato e attento, in comode poltrone, e parlo. Parlo e tengo una conferenza sulla psicologia del campo di concentramento! E tutto ciò che mi tormenta e mi opprime risulta obiettivato, visto e descritto da un superiore punto di vista scientifico. *Riesco così a pormi, in qualche modo, al di sopra della situazione, al di sopra del presente e del*

[4] Rodin J., *Aging and Health: Effects of Sense of Control,* in *Scienze,* 233 (1986), cit. in R. Sapolsky, *Why Zebras Don't Get Ulcers,* Owl Book, Henry Holt and company, New York, 2004.

suo dolore, guardandolo come se fosse il passato e come se io stesso, con tutti i miei dolori, fossi oggetto di un interessante esame psicologico-scientifico, che svolgo personalmente».[5]

Questa testimonianza è una delle tante che documentano l'esistenza, negli esseri umani, di risorse psicologiche straordinarie, che ci aiutano ad affrontare anche ostacoli considerati insormontabili: in questo caso, il protagonista riesce a cambiare uno stato d'animo intollerabile in uno più accettabile attraverso l'utilizzo di una differente interpretazione degli eventi. Per mezzo dell'immaginazione egli può così «leggere» con un certo distacco emotivo quella realtà altrimenti insopportabile. Il nostro cervello, a differenza di quello del topo, non ha bisogno di una leva concreta da manovrare per arrestare lo stress: egli può, a certe condizioni, costruirselo da solo. In ogni caso, illusoria o meno, la convinzione di poter controllare l'ambiente e gli eventi diminuisce l'impatto fisico dello stress.

3.4. Sentire di potercela fare

> «Che tu creda di farcela o di non farcela, avrai comunque ragione!»
>
> Henry Ford

«Piatto. Arido. Pauroso. Sotto un cielo senza nuvole, nella calura allucinante, la distesa di sabbia e sassi va al di là dell'orizzonte e della fantasia umana. A momenti è grigia come la cenere spenta, a volte è marrone, ora è violetta, ora nera come fuliggine o rosa rossastra come boccioli di pesco, qui inimmaginabili.

«Un uomo potrebbe camminare per giorni e giorni nella stessa direzione senza incontrare nient'altro che la propria morte, in un assoluto paesaggio lunare di polvere dai mutevoli colori, mossa da un continuo vento caldo e impietoso.

[5] Viktor Frankl, *Uno psicologo nei lager*, Edizioni Ares, Milano, 1991.

«Gli Uighur lo chiamano il Taklamakan, che nella loro lingua significa 'ci entri dentro e non ne esci mai', i mongoli lo chiamano semplicemente Gobi, deserto.»

Tiziano Terzani, nella *Porta proibita,* descrive così il deserto del Gobi. Roba da restarci secchi, letteralmente. Ma mettiamo che vi capiti di andarci, un giorno. Siete lì, tranquilli, che cercate un riparo dal vento e dal sole, quand'ecco apparire all'orizzonte un tizio che corre. Per prima cosa penseremmo tutti ad un bel miraggio. Ma poi il miraggio si avvicina e ci rivolge pure la parola in un inglese impeccabile: «Buongiorno. Sono Checco Galanzino, piacere. Sono italiano, di Tortona, in provincia di Alessandria».

«Ah, e che ci fa qui?»

«Corro. Sto attraversando di corsa i principali deserti del mondo per portare un messaggio contro la desertificazione del pianeta. Lo faccio per conto di Greenpeace.»

«Ma scusi, Lei chi si crede di essere? Superman?»

«Ma no. Sono un padre di famiglia. Lavoro, faccio l'imprenditore. Non sono nemmeno più tanto giovane. Sono anche pelato, guardi qui (togliendosi la bandana).»

Non so se questo dialogo surreale abbia davvero avuto luogo, come Galanzino sostiene. Ma avrebbe potuto, senz'altro.

«Sono un omino resistente, tutto qua» dice di sé Galanzino. Sessantuno chili di peso per un metro e settanta, laureato in economia, ha messo in piedi con un socio una società che costruisce impianti di riconversione dei rifiuti. Ciò testimonia le origini non sospette della sua passione per la salvaguardia dell'ambiente. Passati da un pezzo gli «anta» ha cominciato a dedicarsi alla corsa in montagna e in natura (il cosiddetto «trail running»). La sua storia dimostra come, lavorando sul senso di controllo, anche una persona che non è né un fuoriclasse né un professionista possa compiere imprese che hanno dell'incredibile.

Prima del Taklamakan, Francesco Galanzino si era dedicato all'alpinismo e aveva raggiunto il grado di istruttore di arrampicata sportiva. Aveva partecipato ad alcune spedizioni in Karakorum, Himalaya e sulle Ande. Ma l'incidente mortale occorso a Davide, il suo abituale compagno di arrampicata da tanti anni, lo spinge a cercare qualcosa di diverso.

Scopre che l'appassionano i deserti: niente di strano, in fondo siamo il paese di Carla Perrotti.[6] L'approccio di Checco è però diverso da quello della Perrotti: a lui non interessa la traversata in sé, la totale solitudine. È stimolato invece dall'aspetto agonistico, dalla prestazione, dall'attraversare questi luoghi in velocità. Partecipa alle prime gare, Mauritania, Sahara, Marathon des sables: le cose non vanno male, ma Checco è ancora lontano dalle posizioni di testa.

Un giorno viene a sapere che esiste sul pianeta un «challenge», una sfida di corsa molto particolare: si chiama «Four Deserts» e consiste in quattro gare di corsa in autosufficienza nei deserti più duri del mondo: Atacama, Gobi, Sahara e Antartide, il deserto bianco. Checco legge con attenzione la documentazione su queste gare e si accorge di un dettaglio: nessuno è mai riuscito a terminare tutte e quattro le corse nello stesso anno. Ma Checco ci vede anche un altro risvolto: Atacama, Gobi e Sahara lambiscono aree minacciate dalla desertificazione dovuta alle mutazioni climatiche. L'idea di Checco diventa allora quella di utilizzare questa sfida per lanciare, come testimonial di Greenpeace, un messaggio di allarme sui rischi che il pianeta sta correndo. Nel quadro della campagna di Greenpeace denominata «Energia e clima», l'impresa intende richiamare l'attenzione sulla necessità di avviare una rivoluzione energetica basata sullo sviluppo delle fonti rinnovabili. Nasce così l'idea del «Milione di passi», un nome che richiama Marco Polo e ben inquadra la dimensione di questa impresa sportiva al limite delle possibilità

[6] Carla Perrotti, milanese, è stata la prima donna ad aver attraversato da sola, con i Tuareg, il deserto del Téneré in Niger nel 1991. Nel 1994 ha portato a termine la traversata in solitario a piedi del Salar de Uyuni in Bolivia. Nel 1996 il deserto del Kalahari in Botswana. Nel 1998 la prima traversata assoluta in solitaria del deserto del Gobi in Cina. Nel 2003 la traversata del deserto di Simpson in Australia. Ha pubblicato *Deserti*, Corbaccio, 1998 e *Silenzi di sabbia*, Corbaccio, 2005.

umane: «Mille chilometri, tanti se ne percorrono nelle quattro competizioni, ciascuna di 250 chilometri», spiega Galanzino, «equivalgono proprio a un milione di passi, da fare in ambienti estremamente difficili per il terreno e le condizioni climatiche».

L'idea comincia irresistibilmente a farsi strada dentro di lui e Checco deve fare i conti con il suo senso di controllo: l'impresa che vorrebbe compiere viene percepita da tanti come «impossibile», «irrealizzabile». «Ma io mi pongo obiettivi raggiungibili» ribatte puntualmente a tutti gli increduli. «Parecchi mi dicevano: è impossibile farcela, nessuno l'ha mai fatto» racconta. «Io fortunatamente, pur prestando ascolto a tutti, non sentivo questa cosa come irrealizzabile: a livello epidermico, viscerale, sentivo invece che forse potevo farcela, che la cosa non era impossibile. Mi sono messo allora, il più razionalmente possibile, ad analizzare la consistenza delle obiezioni e mi sono detto:

- le critiche mi vengono fatte soprattutto da persone che non hanno mai fatto questo genere di corse e quindi non dispongono di unità di misura reali con cui analizzare il progetto;
- con un serio allenamento posso imparare ad ascoltare i segnali del mio corpo e quindi, essendo gare lunghe, a gestire le forze;
- il periodo più corto di riposo tra una gara e l'altra sarà di 6 settimane, in 4 settimane mi posso riposare e sfruttando la gara precedente come allenamento, 2 settimane di richiamo saranno sufficienti: vorrà dire che ci saranno gare da giocare più in difesa e altre più in attacco ma, a meno di incidenti, le finirò tutte.»

Smontare le false percezioni di impossibilità è il primo passo. Per ottenere ciò occorre far leva su tutto quello che può aumentare la percezione della propria efficacia personale. Checco può sfruttare a questo scopo un altro fattore utile: in altri campi ha già raggiunto con successo gli obiettivi prefissati. Ora si tratta di trasferire al contesto sportivo il metodo che ha utilizzato in quelle esperienze. Come imprenditore ha già sperimentato che l'impegno espresso è correlato alla possibilità di raggiungere gli obiettivi prefissati. Checco impara a fare tesoro anche di questa esperienza. E anche questa nuova avventura gli appare di conseguenza come qualcosa di non totalmente incognito. Si tratta di applicare ancora una volta il vecchio metodo: definire obiettivi raggiungibili e lavorare, lavorare, lavorare...

Checco stabilisce delle priorità: decide di dedicare circa il 15% del suo tempo agli allenamenti, lasciando il 30% alla famiglia e il 55% al lavoro. Insieme ci siamo messi a studiare un programma di preparazione mirato. Il fulcro è quello di ricreare in allenamento qualcosa di simile alle intensità di fatica che si vivranno in gara, specie nelle tappe più lunghe, da 90-100 chilometri. Resistere a questi livelli di fatica richiede un forte senso di autoefficacia; e questo non lo si costruisce da un giorno all'altro. Non lo si ottiene con semplici discorsi, né con il ricorso ingenuo al pensiero positivo né con l'ipnosi né, tantomeno, attraverso esperienze catartiche tipo «camminare sui carboni ardenti». La magia non esiste. Occorre un duro lavoro. Bisogna creare delle esperienze in cui l'atleta padroneggi delle difficoltà progressive: sempre più sfidanti ma raggiungibili. Esperienze che devono essere intense emotivamente, perché questi stimoli finiscono per edificare nuove strutture neurali e nuovi modelli della realtà nel cervello dell'atleta. Alla fine si tratta di un programma che combina un intervento sui fattori cognitivi con l'allenamento atletico.

3.5. L'Amundsen alla rovescia

> «Il Polo Sud fu raggiunto per la prima volta dal norvegese Roald Amundsen nel 1913. Non tutti sanno, però, che Amundsen lì non ci doveva neanche andare! Il suo primo obiettivo, infatti, era il Polo Nord. La sua spedizione era pronta quando gli giunse la notizia che Robert E. Peary era arrivato alla più alta latitudine raggiungibile. Allora Amundsen maturò l'idea di raggiungere il Polo Sud...»
>
> Marc Di Tommasi

Tuttavia l'impresa, nel complesso, presentava enormi difficoltà: difficoltà relative non solo al momento della gara, ma anche alla preparazione, alla ricerca degli sponsor, alla gestione della comunicazione, al mantenimento del lavoro e della famiglia... Percepite nell'insieme, le difficoltà erano disarmanti. Suggerii a Checco di cercare di modificare la sua valutazione cognitiva a questo proposito: come dicono gli africani, sembra impossibile si possa mangiare un elefante intero. E in effetti lo è, a meno che non lo si mangi un pezzo alla volta. È lo stesso trucco che usano i corridori su lunghe distanze: se, per esempio, dovete correre 100 chilometri e quando siete a metà pensate che ve ne mancano ancora cinquanta, probabilmente vi fermerete. La cosa migliore allora è cambiare la valutazione cognitiva, cambiare «frame» (cornice di riferimento. Infatti questa tecnica cognitiva viene chiamata «framing»): concentrarvi sui prossimi tre chilometri e, finiti quelli, sui tre successivi, e poi così ancora, fino al traguardo.

Per capire meglio quale sia l'effetto positivo del cambiare frame ricorrerò a un esempio estremo: nel 2002 aiutai Claudio Bastrentaz e il suo amico Paolo Comune nella preparazione di «Valle d'Aosta a fil di cielo», un progetto che fu premiato come «la più rappresentativa impresa alpinistica dell'Anno Internazionale delle montagne». L'idea era quella di percorrere l'intero perimetro della Valle d'Aosta, una regione la cui forma è vagamente rettangolare ed è delimitata da uno spartiacque montagnoso, utilizzando sempre e comunque il filo di cresta delle vette. Si trattava di un'impresa titanica: 352 chilometri di sviluppo con 52.000 metri di dislivello positivi spalmati su difficoltà tecniche spesso molto elevate. Bisognava scalare 173 vette al di sopra dei tremila metri e 32 sopra i quattromila, tra cui le montagne più alte delle Alpi: Monte Bianco, Monte Rosa, Cervino. Claudio e Paolo partirono dalla «porta» della Valle d'Aosta, la cittadina di fondovalle di Pont S. Martin; nei giorni successivi, proseguendo lungo la cresta spartiacque nei pressi del massiccio del Monte Rosa potevano vedere di fronte a loro, dall'altra parte del perimetro della regione, la catena del Monte Bianco e il gruppo del Gran Paradiso, l'ultimo grande baluardo che avrebbero incontrato prima di terminare il periplo. Immediatamente si pose un problema psicologico: erano partiti con poco allenamento, avendo dovuto cercare sponsor e finanziamenti praticamente fino al giorno prima della partenza. Si sentivano stanchi e pieni di dolori. E il fatto di scalare per interi giorni, patire la fatica e continuare a vedere quei riferimenti visivi sempre alla stessa siderale distanza dei giorni precedenti li deprimeva. Tutta quella fatica, tutto quel dolore venivano vissuti come «inutili»: «siamo sempre allo stesso punto, non ci siamo praticamente mossi». Si trattava di un effetto ottico. Le distanze coperte ogni giorno erano considerevoli se valutate con un'ottica umano-alpinistica, ma erano minime in una prospettiva geologica; e modificavano la percezione di oggetti così lontani in modo impercettibile.

Quello che io suggerii loro per uscire da questa impasse fu proprio un cambiamento di framing: piantatela di concentrarvi sull'intera operazione, perché vi fa sentire persi. Ponetevi piccoli obiettivi quotidiani: oggi arriveremo lì, domani là. Cambiate la cornice di riferimento: non più l'intero perimetro della regione, ma piccoli spostamenti tra le montagne. Cambiando la valutazione cognitiva, cambia anche il rapporto con le sensazioni, in primis quelle di fatica. Sarebbe falso e presuntuoso se dicessi che i due superarono la crisi e proseguirono grazie a questo tipo di consigli. Ce l'avrebbero fatta lo stesso. Ma con più sofferenza, probabilmente. Il cambiamento di valutazione cognitiva consentì loro di riprendere fiducia nei loro mezzi, di riacquistare il senso del controllo.

Anche Checco, per mezzo della preparazione, aumentava gradualmente il suo senso di controllo e si accorgeva di avere più mezzi di quelli che sospettava; mezzi che non aveva mai sviluppato perché, come tanti atleti amatoriali, non si era mai impegnato al limite delle sue possibilità. Tuttavia era rischioso per lui focalizzarsi totalmente sull'impegno come unico strumento per raggiungere gli obiettivi: doveva anche essere flessibile, perché forse, alla sua età, l'impegno da solo poteva non bastare a fare la differenza. Checco ammette che la sua consapevolezza in merito al senso di controllo gli è stata estremamente utile, e racconta a proposito un episodio legato alla gara di 250 chilometri nel Sahara: «nella prima tappa, quando ho visto il coreano e il danese andarsene via come fulmini mi sono detto 'ma che cavolo ci faccio io, maledetto presuntuoso, che con 15 anni in più di questi, con due figli a casa e un'azienda, penso di tenere loro testa'. Ho deciso di tenere il mio passo e lasciarli andare anche perché io so di patire sempre la prima tappa in queste gare».

Qui Checco dimostra flessibilità cognitiva, consapevolezza di sé, dei suoi limiti, tolleranza alla frustrazione e capacità di gestire in modo non rigido le proprie convinzioni di controllo. Se infatti avesse applicato in quel frangente una valutazione cognitiva «stile John Henry» (cioè reagendo aumentando l'impegno e tentando di inseguire i due fuggitivi), sarebbe «saltato» in breve tempo: ciò che, in effetti, capita ai suoi due più giovani avversari: «Dopo 10 chilometri, quando ho visto caracollare da dietro prima il coreano e poi il danese e quando li ho superati fermandomi e prestando loro aiuto, mi sono detto 'be', non sono proprio da buttare e ho più testa di loro'».

Nella «Gobi March» Galanzino è secondo assoluto, anche se il suo obiettivo iniziale per tutte e quattro le gare è «arrivare». All'«Atacama Crossing», la gara nel deserto più arido al mondo, si classifica 3°. In Egitto, nel Sahara Bianco, il deserto più caldo, ottiene nuovamente il 2° posto assoluto.

Si prepara quindi all'ultima prova, l'Antartide. Preparazione scrupolosa, come al solito. Il Grande Freddo rappresenta un'incognita per lui. Per poterlo non dominare, ma almeno affrontare secondo le sue possibilità, fa di tutto per «conoscerlo meglio», attraverso tre tappe:

1. studia l'ambiente (divora in tre mesi tutti i libri che parlano di Polo);
2. contatta il più grande campione di corse nel freddo, Roberto Ghidoni, che da vero fuoriclasse è stato prodigo di informazioni e che gli regala, in una sola telefonata, anni di esperienza maturata con la sua sofferenza;
3. prova scrupolosamente tutti i materiali nella cella frigorifera di un macello, con la temperatura portata a – 35°, e questo gli dà davvero una grande, grande serenità.

E qui, come in ogni buon romanzo che si rispetti, il colpo di scena. La società americana che organizza «The Four Deserts» dichiara di dover rinunciare ad allestire la gara in Antartide. Le motivazioni non sono molto chiare: dapprima sembra che i costi siano troppo elevati per il numero di partecipanti iscritti; in un secondo tempo viene tirato in ballo un problema di reperimento della nave necessaria. Fatto sta che Checco si sente, per usare un eufemismo, fregato. La rabbia non viene a galla subito anche perché all'inizio la comunicazione degli americani è interlocutoria, non sembra un verdetto inappellabile. Forse si può ancora fare, pensa Checco, e continua a prepararsi cercando di non perdere la motivazione. In realtà gli organizzatori stanno solo prendendo tempo. Un mese dopo diventa evidente che la gara non si farà: ormai l'estate antartica volge al termine, e ancora non si parla di partire. Checco si sente defraudato: non potrà concludere il suo Slam dei quattro deserti ed entrare nel Guinnes dei primati, ma non per colpa sua.

Nel pieno dell'abbattimento non sa ancora che sta per trasformarsi in un Amundsen alla rovescia. A volte nel cervello delle persone improvvisamente scatta qualcosa che permette di vedere in quella che a tutti gli effetti appariva come una sconfitta rovinosa un'opportunità per trasformarla in qualcosa di meglio. Si tratta di una delle dimensioni cognitive della resilienza, la capacità di ristrutturare la propria valutazione cognitiva. Amundsen, il grande esploratore norvegese, pronto a partire per il Polo Nord, cambiò destinazione all'ultimo momento quando seppe che Peary vi era già giunto. Si diresse agli antipodi, al Polo Sud. E lì giunse per primo, superando Scott. A Checco viene in mente di fare il contrario, anche se un po' più modestamente. Viene a sapere che al Polo Nord si disputerà una maratona e riesce a farsi invitare. Se al Polo Sud non è potuto andarci, concluderà il suo Slam con l'altro deserto di ghiaccio, anch'esso in pericolo per l'inquinamento e l'effetto serra: il Polo Nord.

«Alle Svalbard, nell'attesa di partire per il Polo» racconta Checco «ho avuto una giornata di *orror vacui*. Il Polo era una cosa ignota che un po' mi faceva paura. Poi, riflettendo sul fatto che avevo fatto tutto il possibile e che nelle gambe avevo fisicamente ben più di quella distanza, ho cominciato a tranquillizzarmi. Come mi ero allenato a fare in questi mesi, mi sono focalizzato su tutto quello che si può controllare in una gara. E mi sono volutamente dimenticato di tutto il resto.»

Checco corre i 42 chilometri intorno al Polo Nord geografico in 3 ore e 43 minuti; è secondo! Il termometro segna −28°. Pur sempre primavera rispetto ai −35° della cella frigorifera. Con le labbra incartapecorite dal freddo Checco sorride per la foto di rito. Sa di aver raggiunto i suoi obiettivi; anzi, sa di essere andato oltre. È vero, è proprio «un omino resistente». Anzi, resiliente.

Il caso di Checco Galanzino mostra come lavorando sul senso di controllo si possano ottenere traguardi impensabili. Il metodo che Checco ha utilizzato è partito dalla confutazione delle false convinzioni di impossibilità: come nel caso di Roger Bannister e il record sul miglio o quello di Reinhold Messner sulla salita dell'Everest senza ossigeno, per confutare tali convinzioni Galanzino ha dovuto informarsi e accumulare dati e prove su quello che il suo obiettivo comportava veramente.

In secondo luogo ha trasferito in campo sportivo metodologie di successo che avevano funzionato in altri ambiti della vita (come quello lavorativo): soprattutto ha messo come cardine di tutto il programma l'impegno personale. Per aumentare ulteriormente il senso di controllo abbiamo poi utilizzato il normale allenamento atletico in modo innovativo. Inoltre Checco ha cercato di anticipare e conoscere, attraverso un'informazione capillare, tutto quello che poteva sfuggire al controllo. E ha saggiamente rinunciato a governare ciò che sapeva non avrebbe potuto gestire.

3.6. Quando il senso di controllo è basso

> «Un uomo può fallire molte volte, ma non diventa un fallito finché non comincia a dare la colpa a qualcun altro.»
>
> Edgar Rice Burroughs

Il caso di Checco solleva sempre un grande interesse nelle persone. Credo che ciò avvenga – oltre che per la grandezza oggettiva delle sue imprese – anche per il fatto che le persone comuni si identifichino facilmente nella sua storia: non quella di un fuoriclasse, di un professionista o di un mostro della genetica, bensì quella di una persona normale che riesce a raggiungere obiettivi assai ambiziosi, lavorando soprattutto sull'aspetto mentale. Smontando le percezioni di impossibilità ed espandendo il proprio senso di controllo e l'impegno personale, anche altri individui hanno compiuto e compiono ogni giorno imprese straordinarie. Anzi, forse oggigiorno c'è una saturazione di imprese straordinarie. Alcune lo sono realmente; altre vengono spacciate come tali, ma sono operazioni di marketing utilizzate per tentare di compensare le fragilità narcisistiche dei loro autori. Spesso, purtroppo, in questa società dello spettacolo, finiscono per avere più visibilità le seconde delle prime.

Un'impresa passata sotto silenzio, ma che mi ha particolarmente colpito e che desidero ricordare è quella di Alberto Ceriani, milanese, classe 1969, non vedente, che ha concluso nel 2006 (credo primo al mondo) una gara Ironman. L'Ironman è una gara di triathlon che consiste in entrare in acqua, nuotare per 3,8 chilometri, uscire dall'acqua, montare su una bicicletta e pedalare per 180 chilometri, scendere dalla bicicletta, indossare le scarpette da corsa e portare a termine una maratona (42,195 chilometri). Come scrive l'amico Franz Rossi: «In totale sono 226 chilometri, da percorrere con le proprie forze: conosco persone che prima di fare un viaggio così in automobile si devono preparare psicologicamente». Accompagnato da una guida atleta che ha nuotato con lui, pedalato insieme sul tandem e corso al suo fianco, Alberto ha concluso la sua fatica sotto le quattordici ore (davanti a tanti normo-vedenti!).

Se queste cose sono possibili a chi possiede un altissimo senso di controllo, cosa succede quando invece è basso? Gli individui con un basso senso di controllo mettono in atto una serie di comportamenti e di atteggiamenti difensivi tipici. È importante imparare a riconoscerli e capire cosa ci sia veramente dietro di essi. Ne esamineremo alcuni: estrema rigidità, ricorso agli alibi e rifiuto delle proprie responsabilità, ricerca di soluzioni magiche, dipendenza da altri e perdita dell'autonomia personale. E se da un lato questi atteggiamenti, permettendo di sfuggire all'impegno e alla responsabilità, sono comodi dall'altro rappresentano anche una prigione che impedisce di raggiungere gli obiettivi stabiliti; e che rendono la persona molto più vulnerabile di fronte alle difficoltà.

Vediamone nel dettaglio alcuni:

A. Rigidità

Si può sopperire a uno scarso senso di controllo interno cercando di instaurare un controllo rigido e assoluto sulla realtà circostante. Per quello che riguarda il mondo dello sport, ecco allora spuntare i «fissati» dell'alimentazione, rigidissimi verso ogni trasgressione culinaria; oppure i forzati assoluti dell'allenamento, quegli atleti che vanno in crisi se costretti da cause di forza maggiore a saltare una seduta. Una parola di spiegazione: non è che, soprattutto per gli atleti, sia disprezzabile alimentarsi con un certo ordine o allenarsi con rigore. Ma chi attua un controllo rigido-ossessivo va ben oltre: sta male quando un minuscolo contrattempo non gli permette di alimentarsi o di allenarsi secondo le aspettative. L'atleta che ha un basso senso di controllo, se si concede una fetta di dolce la cena prima della gara, poi è in ansia temendo terribili ripercussioni in termini di prestazione. Persone meno vulnerabili sono più flessibili, possono tollerare un maggiore livello di incertezza. Per esempio, di fronte all'identico «misfatto» della fetta di torta non si fanno condizionare. E se anche questa trasgressione fosse realmente dannosa ai fini prestativi loro non se ne farebbero influenzare. Sarebbero comunque capaci, il giorno dopo, di dare il massimo in gara. Questi due atteggiamenti contrapposti sono rappresentati in modo molto efficace in uno dei più celebri romanzi popolari giapponesi, *Musashi,* ispirato alle gesta del celebre samurai medioevale: un altro samurai si scandalizza vedendo che Musashi, imbattibile maestro di spada, beve una tazza di saké il giorno prima di un duello. «Cosa credi?» gli risponde Musashi, «che sarà questa tazza di saké in più o in meno a fare domani la differenza tra la vita e la morte?» Chi è davvero forte può tollerare, occasionalmente, di rinunciare al controllo.

B. Dipendenza dal tecnico e dalle situazioni logistiche

L'atleta con basso senso di controllo tende a non assumersi la responsabilità dei propri obiettivi e del proprio allenamento, ottenendo il vantaggio niente affatto trascurabile di poter fare la vittima se le cose si mettono male; e anche di poter beneficiare di un'infinita serie di alibi. Inoltre, la dipendenza dal tecnico può essere molto rassicurante. Gli esempi sportivi davvero si sprecano: ci sono atleti professionisti che si ritengono incapaci di valutare da soli quando il loro allenamento è stato soddisfacente e devono chiederlo al tecnico («come è andata?»). Ci sono quelli che, se il tecnico non li segue passo passo in allenamento dicendo «ricorda che ora devi fare questo, poi quello», si perdono, si distraggono, si «demotivano». Questo atteggiamento ha molti riscontri anche nel mondo del lavoro. Alla gente fa comodo pensare che ci sia sempre qualcun altro che «*governa*» il sistema e che tocchi sempre agli altri «pensare a fare le cose». Il vantaggio di questa abdicazione alla responsabilità sta nella conseguente disponibilità in termini di alibi: «Che c'entro io? È colpa sua!»

Anni fa un'atleta della Nazionale di sci di fondo, a fine stagione agonistica, prese le distanze dal suo tecnico tramite una lettera ufficiale, inviata per conoscenza a vari personaggi della Federazione. In questa lettera la ragazza esprimeva una serie di riserve sul suo allenatore e sui suoi metodi. Anch'io, come psicologo, ne ricevetti copia. Non credo stia a me entrare nel merito delle accuse riferite. Può darsi che la ragazza avesse ragione, può darsi che la sua visione delle cose fosse poco obiettiva. Tuttavia mi permisi di muovere un'osservazione a quest'atleta, verso cui nutro tuttora stima e amicizia. L'osservazione riguardava la sua valutazione cognitiva della situazione, evidenziata da un passo particolare della lettera: «*Mi hai fatto passare la voglia di lottare per guadagnarmi un posto per correre in Coppa del Mondo dove sapevo di essere solamente un peso, l'ultima ruota del carro. Se un allenatore deve cercare di stimolare i propri atleti per dar loro la possibilità di esprimersi al meglio, tu hai pienamente raggiunto l'obiettivo opposto*». Io credo che, raggiunto il suo livello e la sua maturità, un atleta non possa più utilizzare l'opinione del tecnico come alibi. Ovvero, ritengo che non possa dirgli: «Mi hai fatto passare la voglia di lottare».

Ciò non vuol dire giustificare le eventuali mancanze di un allenatore: il compito del coach è comunque quello di promuovere il senso di autoefficacia nei suoi atleti. Però il proprio destino è completamente nelle mani dell'atleta, specialmente se si è adulti e si pretende di fare i professionisti. Per impegnarsi e lottare non si può aspettare che la motivazione giunga dal tecnico. Altrimenti si è, secondo lo schema dei tipi attributivi di Weiner, delle semplici «pedine»: vale a dire persone che attribuiscono successi e fallimenti a cause esterne incontrollabili. Il senso del proprio valore non può essere delegato ad altri. La responsabilità è dell'atleta. Sta a lui decidere quanto sentirsi forte, indipendentemente dall'opinione dell'allenatore. Quest'ultima è, diciamo così, un optional. Che senz'altro aiuta. Ma non è ammissibile che, nel caso in cui venga a mancare, si trasformi nell'«ostacolo» alla propria carriera.

A volte la dipendenza non si verifica nei confronti del tecnico ma delle situazioni logistiche o dei materiali. Non tutti gli atleti sono disposti a mangiare e dormire dove capita. E questo è comprensibile. Ma per alcuni questi fattori diventano fonte di alibi. Il letto scomodo, o la pasta diversa da quella cucinata a casa dalla mamma diventano giustificazioni per uno scarso rendimento. Sono tutti sintomi di un senso di controllo debole che non devono sfuggire al tecnico.

C. Fiducia nelle soluzioni magiche

«Non ho poteri magici: la forza interiore è il mio potere magico. Non ho poteri divini: la lealtà (chûgi) è il mio potere divino.» Così recitava il credo dei samurai. Beata ingenuità! Oggi la fiducia nell'esistenza di soluzioni magiche e portentose è spesso la regola. Esiste la tendenza a idealizzare pratiche e ausili materiali quali strumenti prodigiosi per migliorare la prestazione. Idealizzare significa, nel linguaggio psicologico, attribuire a qualcosa o a qualcuno proprietà magiche, onnipotenti, che non hanno a che vedere con la realtà. Si possono idealizzare tante cose: possiamo avere l'integratore prodigioso, le scarpette magiche, le tabelle infallibili, la barretta incantata, la sciolina straordinaria, il tecnico sovrannaturale, il cappello che ha portato fortuna.

Tutte queste cose possono anche essere utili, certamente, ma idealizzandole si sceglie di vederle come la cosa determinante e risolutiva, indipendentemente dal nostro impegno personale. Tutte le idealizzazioni fanno leva su soluzioni esterne a noi stessi a discapito dell'autodisciplina, della perseveranza, della volontà, dell'impegno. E sono sintomo di un basso senso di controllo personale. La chimica e la tecnologia ci suggeriscono continuamente scorciatoie rispetto a ciò che si potrebbe ottenere per mezzo dell'impegno e della dedizione. Per esempio: vuoi perdere peso? Per molti è ormai automatico il ricorso al farmaco piuttosto che alla dieta o all'esercizio. Per qualcuno è più comodo scegliere di vedere l'allenamento come un processo misterioso, iniziatico. In questo modo ciò che conta non è più l'impegno, l'assunzione di responsabilità, la disciplina; quanto la possibilità di capire, anzi carpire, «il segreto» che lo governa. Un tizio chiedeva con insistenza a Marco Olmo, il ruvido montanaro capace di castigare chiunque nelle corse di lunghissima distanza in montagna (e di cui parleremo nel prossimo capitolo), di scrivergli una tabella con il suo segreto per andare forte. Alla fine Marco, spazientito da una tale insistenza, domandò al seccatore se avesse con sé un pezzo di carta e una penna. «Vuoi sapere cosa fare per andare forte, vero?» Marco afferrò il foglietto, scribacchiò qualcosa velocemente e glielo restituì bruscamente. Il tizio lesse avidamente e sgranò gli occhi. Sul foglietto era effettivamente scritto il segreto di Marco per andare forte. C'era scritto: «Corri!»

Punti chiave

- Le nostre convinzioni di controllo condizionano il risultato finale. Se riteniamo un obiettivo come impossibile da raggiungere, non lo realizzeremo mai. Alcuni obiettivi sono veramente irraggiungibili. Ma spesso le nostre convinzioni di impossibilità sono infondate. Lo dimostra la storia dei record sportivi. Il primo passo è quindi quello di verificare sempre sul campo le nostre convinzioni di impossibilità.
- Avere forti convinzioni di controllo non ci aiuta a ottenere l'obiettivo sperato per magia. Ma perché ci induce a impegnarci di più. Numerosi studi dimostrano che la carriera di grandissimi campioni sportivi non si basa sul talento, ma sul fatto che hanno imparato a impegnarsi più degli altri.
- Attribuire i propri successi o insuccessi all'impegno o alla mancanza di impegno si è dimostrata la migliore strategia cognitiva per ottenere obiettivi e gestire i problemi. L'enfasi sull'impegno diventa controproducente solo nel caso si abbia a che fare con obiettivi realmente impossibili: questo tipo di strategia comportamentale, continuare a impegnarsi anche di fronte a qualcosa di impossibile da ottenere, viene definita «sindrome di John Henry».
- Le convinzioni di controllo producono un effetto «fisico» di mediazione dello stress: di fronte a un evento negativo, a un pericolo, a una difficoltà, se siamo convinti (anche illusoriamente) di poter controllare la situazione, gli effetti dello stress sono meno dannosi sul piano fisico. Ancora una volta, dunque, ciò che conta non è il controllo effettivo,

ma il senso di controllo che le persone detengono sugli eventi.

- **Un basso senso di controllo genera rigidità di comportamenti, dipendenza, ricerca degli alibi, fiducia nelle soluzioni magiche e irrazionali dei problemi.**

Capitolo quattro

Saper incassare, perseverare

4.1. Achille sull'Everest

«Nei tentativi più nobili è glorioso anche fallire.»

Vince Lombardi

«Vorrei esser bifolco, servire un padrone, essere un diseredato, che non avesse ricchezza, piuttosto che dominare su tutte le ombre consunte.»

L'ombra di Achille nell'Ade,
Odissea, canto XI

«Come va?»

«Ho freddo da morire.»

«Che intendi fare? Prosegui?»

«Non so. Dammi da bere. Intanto decido.»

Quella notte del 4 giugno, mentre beveva tè caldo dal thermos, Bruno poteva sentire l'oscurità scendere su di sé. Il suo corpo, che lo aveva accompagnato fedelmente per tanti anni, che gli aveva reso possibile stupire il mondo con i suoi record (Cervino, salita e discesa in 3 ore e 14 minuti, Aconcagua salita e discesa in 4 ore e 52 minuti, Kilimangiaro salita e discesa in 8 ore e 34 minuti), lo stava lasciando. Un medico avrebbe spiegato: «Signor Brunod, se non lo hai ancora capito, in questo momento stai morendo. È elementare: lo sforzo e la mancanza di ossigeno ti uccidono». Era semplice: ogni stilla del suo sangue, tutto il poco ossigeno disponibile, abbandonava la periferia dell'organismo, per ritirarsi sull'estrema linea difensiva del cuore e del cervello. Tutto il resto cominciava velocemente a congelare. In realtà non c'era nessun medico vicino a lui. Ogni tanto gli pareva di sentire come delle urla lontane, ma forse era solo la radio di Christian o forse a tratti sognava. Ma se ci fosse stato veramente un medico lì in quel momento molto probabilmente non avrebbe creduto ai suoi occhi: sulla terra c'è un luogo dove il cielo è più vicino che in qualsiasi altro posto. Ma la scienza, la fisiologia, non è ancora preparata per qualcuno che abbia tentato di raggiungerlo correndo: uno che parte correndo dal campo base dell'Everest, 5200 metri sul livello del mare, copre in poche ore i venti chilometri che lo separano dal campo base avanzato (la maggioranza degli alpinisti ci mette due giorni), sale da lì ai 7000 metri del Colle Nord, e giunge in 16 ore complessive a una tendina arancione, al campo 3, in bilico a quasi 8300 metri sulla parete Nord dell'Everest.

Questo non è tutto: perché, vedete, scalare un ottomila con vento forte è come il risultato di un'equazione. Non si scappa: stabilite la forza del vento, e vi diremo il risultato. C'è una bella tavola matematica, la potete trovare anche su internet: si chiama «Wind chill factor table», tavola del raffreddamento provocato dal vento. Questa tavola vi fa capire che se la temperatura esterna è di 20°, una bella giornata primaverile, ma intorno a voi spira vento a 30 chilometri orari, il vostro corpo percepisce una temperatura di 13°; e che se la temperatura esterna è 0°, con quel vento, il freddo percepito equivale a –18°. Quella notte la temperatura esterna si era attestata oltre i –20°. Il vento spirava a più di 65 chilometri orari. La mia tavola del Wind Chill non è capace di spingersi così avanti: si ferma a –50°, il prodotto tra –20° di temperatura e un vento che supera i 35 chilometri orari.

Il corpo, privato dell'ossigeno, è più sensibile al freddo; ma è anche vero che quando c'è vento diventa ancora più difficile respirare. Quei pochi che tentano la salita senza ossigeno, come Bruno, non si avventurano mai se c'è vento: se ci fosse stato questo medico immaginario, forse lui avrebbe potuto spiegare nei dettagli le ragioni fisiologiche di questo «no».

Ma quella notte, nella tendina arancione del campo 3, Bruno non ragionava da medico. Anzi, non ragionava affatto. La sottilissima lamina tra la vita e il nulla si dissolveva, si riempiva di voci, di immagini, di ricordi. A tratti era lucido, a tratti delirava. Una parte di lui voleva proseguire ancora; come un ubriaco convinto di aver ragione, che si divincola rabbiosamente dalla presa di chi cerca di riaccompagnarlo a casa. Rifiutava di accettare anche quest'estrema delusione, non voleva tradire le aspettative degli sponsor, del suo pubblico. Ma tutto ciò svaniva di fronte al calore dei pensieri che ancora lo legavano alla vita: tutta la luce dei ricordi della famiglia, dei figli, del figlio che stava per nascere si abbatté sul coagulo delle perplessità. Bruno non è tipo da studi classici, ma chissà se nel delirio aveva udito il rimpianto dell'ombra di Achille: meglio tornare da perdente (però vivo), che essere il più grande eroe morto. Aveva fatto tutto quanto era umanamente possibile. Era giunto al limite. Il limite è che nessuna vetta vale una vita umana. Con condizioni meteo diverse, il record sarebbe stato suo senza dubbi. Ma quella notte la montagna era stata più forte. Per ammetterlo ci voleva coraggio: fermarsi sull'orlo dell'abisso richiede più forza di quanta ne richieda la stupidità di suicidarsi. Richiamò tutto il suo coraggio per biascicare due parole con le labbra gelate:

«Mi fermo» disse.

«Okay» rispose Christian e fece un sospiro. La decisione costava cara anche a lui: significava rinunciare alla vetta (che forse mai più in vita sua sarebbe stata tanto vicina) e prepararsi a un'interminabile discesa. Fuori dalla tenda la neve cancellava per sempre le impronte di Bruno.

Saper incassare e stringere i denti, incamerare delusioni e sconfitte perseverando, patire disagi del corpo e della mente senza battere ciglio: sono capacità sempre più rare nella società attuale. Eppure rappresentano la quint'essenza della resilienza. Ho sempre sostenuto che Bruno Brunod sia una specie di fossile vivente proveniente da epoche lontane: perché oggi difficilmente si trova, qui, nel ricco Occidente postindustriale, qualcuno capace di sopportare disagi, privazioni, fatiche e frustrazioni a par suo. Si noterà che la mia analisi accomuna due aspetti molto diversi della resilienza: il saper sopportare disagi fisici e l'essere psicologicamente capaci di affrontare dei fallimenti. **In realtà, ciò che cercherò di dimostrare è che la radice delle due competenze è comune; ed è cognitiva.**

Ma torniamo per un attimo al mondo attuale. Si può dire che la tolleranza alla frustrazione sia una capacità declinante. Specialmente tra le giovani generazioni. Piccole delusioni, banali sconfitte quotidiane, addirittura una minima critica causano spesso ferite irrimediabili. Sopravvivere a delusioni come quella provata da Bruno e da Christian sull'Everest è impossibile per il popolo dell'«Io-tutto-e-subito». Paul Erhlich scoprì la cura contro la sifilide dopo aver fallito precedentemente seicentosei volte e dimostrando una tolleranza alla frustrazione oggi impensabile.

Anche se la tolleranza alla frustrazione è in ultima analisi un problema cognitivo, l'ambiente sociale ne influenza l'apprendimento. La società attuale addita come normalmente accessibili mete sempre più elevate. La televisione e la pubblicità propongono come modelli personaggi irreali: persone sempre giovani, belle, ricche belli e brillanti, che incarnano idee di onnipotenza. Vengono alimentate aspettative irrealistiche. Questa idea di vita diventa «la vita»: l'unica possibile, indiscutibile e irrinunciabile. Contemporaneamente i giovani crescono protetti da qualsiasi frustrazione, e senza sviluppare nessuno strumento che li aiuti a diventare più resilienti nell'affrontare difficoltà e insuccessi. Quando alla fine entrano in contatto con la realtà, molto spesso attraverso l'ingresso nel mondo del lavoro, la delusione rispetto alle aspettative e la forzata rinuncia all'onnipotenza provocano un tracollo traumatico, con strascichi di depressione, cinismo o, ancora, aggressività indifferenziata. Ma la conseguenza principale è un ritiro dal mondo che lascia totalmente incentrati su se stessi.

Ciò si traduce in una smisurata attenzione a se stessi, alla propria cura, ai propri più insignificanti bisogni, malesseri e microsensazioni, un'attenzione che modifica il nostro rapporto con il disagio, a cominciare da quello fisico. Una volta i piccoli disagi venivano accettati serenamente: il mal di testa faceva parte della vita, così come il mal di denti, il bruciore allo stomaco o il raffreddore. Oggi si pretende che questi stessi piccoli fastidi evaporino all'istante. Certo, l'idea che ogni impercettibile malessere, invece che rientrare nelle normali vicissitudini della vita, rappresenti una minaccia da cui si deve essere immediatamente sollevati viene alimentata dalla fiorente industria farmaceutica. C'è una pillola per tutto. Non solo per le patologie vere e proprie. Diventano inconvenienti da «correggere» attraverso il farmaco anche comuni stati dell'umore o normali condizioni funzionali: tristezza, preoccupazione, demotivazione. L'idea che sia possibile convivere e andare avanti lo stesso in presenza di uno stato d'animo negativo è semplicemente diventata impensabile. Il sociologo Alberto Melucci osserva giustamente che nella nostra società lo stato di salute viene a coincidere con il silenzio del corpo: nel senso di assenza di qualsiasi sintomo, ma anche di qualsiasi comunicazione e percezione di disagio seppure minima.

Quanto detto vale ancora tanto più per un particolare universo delle sensazioni corporee: quello della fatica. Nel secondo capitolo ho accennato al fatto che le sensazioni di fatica siano un dato ben poco oggettivo, che viene costruito e che risente dell'intervento dei fattori cognitivi. Tra questi fattori alcuni sono mediati culturalmente. Il bambino «impara» velocemente che certi livelli di fatica sono inaccettabili nella nostra società; e altrettanto velocemente si adegua. Per l'abitante degli altipiani africani o delle valli nepalesi, una casa a un chilometro di distanza «è vicina»; per l'occidentale medio «è lontana». La mentalità cambia e si adegua subdolamente in tutti gli strati della popolazione, atleti compresi. Quando si tratta di atleti di sport di endurance il risultato rischia di essere disastroso. Racconta Renato Canova, uno dei più grandi allenatori italiani di maratona: «Molti anni fa, portando gli atleti di alto livello a correre intorno al centro federale di Tirrenia accadeva che qualche tecnico proponesse dei tratti in accelerazione. In quelle occasioni si sviluppavano vere e proprie gare, perché quando il tratto stabilito (o il tempo deciso) era terminato nessuno degli atleti voleva essere il primo a 'mollare' l'andatura. Così mi toccava arrancare in bicicletta dietro a questi pazzi scatenati che proseguivano la loro sfida per chilometri. Oggi, invece» continua a raccontare Canova «non è raro che quando si propongono queste esercitazioni durante un allenamento, se qualcuno continua ad accelerare qualche secondo oltre il tempo stabilito, immediatamente si levano grida di disappunto e protesta: 'Ehi, il minuto è finito cinque secondi fa!'.»

La gente accetta meno la fatica, insomma. Eppure la macchina umana è ancora di gran lunga il mezzo di trasporto più efficiente: Francesco Galanzino per attraversare di corsa il deserto del Gobi ha consumato 25.000 calorie, l'equivalente in termini energetici di tre litri di gasolio. Con lo stesso quantitativo di carburante un SUV percorre circa venticinque chilometri, e un'utilitaria sessanta.

E invece gran parte della popolazione del mondo industrializzato non va nemmeno dal giornalaio sotto casa senza l'automobile, anche se tutti noi non possiamo dire di ignorare le informazioni sui benefici del movimento e sui rischi della sedentarietà. In passato, viceversa, non c'era la consapevolezza di un rapporto stretto fra attività fisica e salute, e molte persone, ormai anziane, sono cresciute coltivando atteggiamenti negativi nei confronti della pratica sportiva, vista come un'interferenza rispetto ad altre priorità come il lavoro e la famiglia. Il coinvolgimento nello sport veniva percepito un utilizzo egoistico del tempo. Ciononostante, queste persone si sono sempre mosse relativamente molto, semplicemente perché lo stile di vita era diverso: le automobili erano poche, c'erano meno lavori sedentari, c'erano meno comodità in generale.

A proposito di comodità, un mio amico che è stato consulente presso uno dei più grandi e prestigiosi club calcistici italiani mi ha rivelato di essere stato incaricato di studiare un fenomeno allarmante di cui la squadra si è improvvisamente resa conto: comodità e livello di prestazione, oltre una certa soglia, seguono un andamento inversamente proporzionale. La cosa è un po' paradossale: tutto comincia quando si decide che concedere privilegi e comodità ai giocatori è una sicura strada per motivarli e aumentarne la prestazione. Infatti per «fidelizzare» (termine molto impegnativo per il mondo del calcio!) il giocatore non basta più il denaro. Altre squadre potrebbero offrirgliene di più. Bisogna rendere la sua permanenza nella squadra, i suoi allenamenti e tutti i momenti legati alla prestazione sempre più piacevoli. La squadra adotta la filosofia del «ti devo togliere tutti i problemi». Nelle stanze del centro di allenamento viene allora installato un impianto di condizionamento dell'aria che garantisce un grado di umidità personalizzato per ogni giocatore e deciso dal medico; a tavola vengono garantiti standard accuratissimi ed elevati per ogni elemento, dai cibi all'acqua minerale; i servizi forniti ai giocatori, dal massaggio post-allenamento al lavaggio delle divise, vengono potenziati e resi assolutamente confortevoli. Dopo un po' ci si accorge con meraviglia che l'aumento dei privilegi e delle comodità oltre una certa soglia produce un effetto paradossale: la prestazione, invece di aumentare, cala. Che succede? Troppi vantaggi condizionano il giocatore: che si aspetta di trovare ovunque, anche quando gioca in trasferta, quella temperatura e umidità dell'aria condizionata, quell'acqua minerale, quel tipo di massaggio. Ma ciò è impossibile. Il vantaggio si trasforma in uno svantaggio. Il giocatore sente la mancanza di quel comfort e la prestazione peggiora.

Un giorno Bruno e io ci recammo in una cittadina del centro Italia per fare una conferenza. Terminata la serata gli organizzatori ci comunicarono che c'era stato un disguido. Non esisteva nessuna prenotazione alberghiera per la notte. Una rapida ricerca verificò che nel raggio di decine di chilometri non esistevano posti disponibili per dormire. Qualcuno tra gli uditori della serata, impietosito, ci invitò a dormire a casa sua. «Dovrete accontentarvi di dormire in cucina, perché non abbiamo altri posti, né altri letti.» Siccome non c'erano alternative, accettammo. Giunti a destinazione realizzammo che avremmo dormito sul nudo pavimento di una cucina, avvolti in una coperta. Niente di drammatico, tuttavia molte persone sarebbero state messe ko dalla rabbia per l'imprevisto tradimento delle aspettative; persone che avrebbero recriminato per metà della notte e a cui gli ormoni dello stress non avrebbero permesso di prendere sonno nell'altra metà; che si sarebbero sentite defraudate, tradite dall'esistenza o umiliate dal fatto di dover dormire sul pavimento. Bruno invece, mentre gli ospiti andavano a cercare le coperte, si sdraiò e disse soltanto: «Perfeziun! (perfezione!)». Mezzo minuto dopo era già addormentato. Al suo posto qualsiasi giocatore di calcio avrebbe già febbrilmente mobilitato avvocati, tv e carabinieri.

4.2. Vite in salita

> «Il mondo ci spezza tutti quanti, ma solo alcuni diventano più forti là dove sono stati spezzati.»
>
> Ernest Hemingway

Bruno Brunod nasce all'Ospedale di Aosta nel 1962. Per una serie di circostanze si trova a trascorrere un'infanzia che difficilmente oggi un bambino occidentale finisce per vivere. Povertà, isolamento, fin da subito nessuna distinzione tra tempo libero e tempo dedicato al lavoro. Ha imboccato la via dello sport come riscatto, per sfuggire a un destino di emarginazione. Ha iniziato con il ciclismo. Anche se è stato professionista per pochissimo tempo e non ha fatto in tempo a vincere niente di serio, in un'intervista Claudio Chiappucci l'ha definito «il più forte scalatore che abbia mai conosciuto». Passato alla corsa in montagna e in alta quota (Skyrunning), ha vinto il circuito mondiale di Skyrunning nel 1996 e nel 1998 il primo World Skyrunning Championship.

Ha stabilito, e detiene tuttora, i record di ascensione del Cervino (1995), Aconcagua (Argentina, 2000), Monte Rosa, Kilimangiaro (Africa, 2002). Anche se professionista nei risultati, Brunod è sempre stato un dilettante nello spirito. Ha sempre dovuto abbinare l'allenamento al duro lavoro di muratore. Ha calcolato che, sommando i compensi ottenuti nell'intera carriera sportiva, potrebbe a mala pena acquistarsi una vettura di media cilindrata. Ma preferisco che sia lui stesso a raccontarvi la sua storia, nel suo modo folgorante:

«Mia mamma ci ha tirato su da sola, eravamo io e altri quattro figli. Siccome la mamma aveva le mucche, abitavamo in alto, sopra Chatillon, sul monte Zerbion. A casa avevamo il cellofan alle finestre perché i vetri costavano troppo. Fino all'età di otto anni sono vissuto senza la corrente elettrica in casa. Andavo a scuola, ma mi piaceva stare per conto mio. Ero un po' selvatico. Dopo la scuola lavoravo a casa. Mi piaceva portare le mucche al pascolo, d'estate. Avevamo un alpeggio a mezz'ora di cammino da casa, sempre sullo Zerbion ma più in alto. Oppure facevo su e giù casa-Chatillon con la spesa o per portare giù il latte. C'era circa un'ora di salita e forse questo su e giù continuo fin da bambino mi ha reso così forte in salita.

«Un giorno ero su all'alpeggio e mi è capitato tra le mani un vecchio giornale che parlava delle imprese di Coppi e di Bartali. Sono stato come fulminato. Ho subito deciso che sarei diventato anch'io un campione, qualcuno di cui si narrano le imprese. Sono sceso a valle e ho comperato una bicicletta. Però mi hanno fregato perché era un catenaccio vecchio e pesantissimo. Ma questo l'ho capito dopo: intanto ho cominciato ad allenarmi da solo, ma non è che sapessi molto come fare. Il mio allenamento base consisteva nel caricarmi sulle spalle una gerla piena di mattoni che servivano per dei lavori all'alpeggio e poi salire con il catenaccio da Chatillon fino a dove terminava la strada. L'ultimo pezzo dovevo farlo a piedi. Quando mi hanno chiamato a militare (alpino!), sono stato 'spedito' a Courmayeur, alla sede del gruppo sportivo: ma mica come atleta, io ero soldato semplice e fungevo da inserviente tutto-fare. Un giorno mi hanno ordinato di tagliare il prato davanti alla casa del generale; ma io con il tagliaerba elettrico non mi trovavo mica tanto. Allora ho detto al mio maresciallo, il maresciallo Stuffer: 'Maresciallo, se mi fa andare a casa a prendere la falce che uso per i fieni, le faccio un lavoro che il generale sarà contentissimo'.

«'E come ci vai a casa, che non hai la macchina?'

«'In bici, maresciallo.'

«'E quanti giorni ci metti da qui a Chatillon e ritorno?'

«'Guardi maresciallo, non per dire, ma se mi lascia andare adesso, io stasera sono di ritorno.'

«Il maresciallo rise e mi lasciò partire. Quando mi vide già di ritorno nel pomeriggio, a cavallo del catenaccio, con la falce a tracolla e due bottiglioni di vino per lui nello zaino, gli prese un colpo. Disse solo: 'Alpino Brunod, tu sei un talento naturale. Tra dieci giorni c'è la gara ciclistica riservata agli atleti élite del gruppo sportivo. Io da oggi ti nomino atleta e quindi ti iscrivo anche alla gara'.

«Il giorno della gara mi sono presentato con il catenaccio sotto lo striscione di partenza. La gente rideva. Gli altri avevano belle biciclette e le gambe muscolose e depilate. Avevo paura, ma il maresciallo mi fece un cenno di incoraggiamento. Alla partenza per l'emozione caddi, e gli altri sparirono subito dietro la prima curva. Allora mi prese una tale rabbia, forse perché ero povero, o forse perché mi sentivo deriso, che saltai sul rottame, ripresi il gruppo, e alla prima salita lo staccai. Vinsi con più di un minuto sul secondo.

«La mia carriera sportiva è cominciata quel giorno. Sono diventato un ciclista vero (con una vera bicicletta) e da dilettante ho stabilito dei record nelle cronoscalate che durano ancora oggi. Correvo in squadra con Claudio Chiappucci e in ritiro dividevamo la stessa stanza. Poi per fare il professionista mi hanno mandato in una squadra in Lombardia: lì ho visto delle cose che non mi sono piaciute tanto e così ho smesso con il ciclismo. Me ne sono tornato a casa e me ne sono stato tranquillo qualche anno: come sport giocavo allo Tzan, che è un gioco tradizionale valdostano, una specie di baseball dove tutti si infervorano, urlano e a me sembravano degli zulù. Non è che non mi piacesse, è che mi mancava ancora qualcosa. Così ho cominciato a correre in montagna. La salita mi è sempre piaciuta; forse perché assomiglia un po' alla mia vita. Piano piano ho cominciato a correre sempre più in alto: le normali corse in montagna non mi bastavano più e sono approdato alla corsa in alta quota. Nel 1995 ho ottenuto il nuovo record di salita e discesa dal Cervino: l'ho scalato in 2 ore, 12 minuti e 29 secondi e sono sceso in 1 ora, 2 minuti e 15 secondi. Così ho abbassato di oltre un'ora il record precedente, quello detenuto da Valerio Bertoglio. Da lì ho corso sulle montagne di mezzo mondo: Malesia, Stati Uniti, Messico, Argentina, Tanzania, Tibet, Nepal... Ho vinto il circuito mondiale delle gare nel '96 e il campionato del mondo nel 1998.

«Oggi tanti preparatori vorrebbero pretendere il merito per i miei exploit. Senza falsa modestia, credo che quello che mi è servito veramente non sono state le tabelle o i consigli di tizio o di caio, ma l'aver imparato, fin da bambino, ad amare la fatica e i sacrifici. Sento che questo dipende in qualche modo dalla vita che ho fatto. Ne sono sicuro. Ne abbiamo anche parlato molte volte con l'autore di questo libro. Penso che un giorno scriverò anch'io un libro per raccontare la mia vita: che è stata piena di fatica, ma bella. Perché ho sempre apprezzato tutto quello che sono riuscito ad avere. Ho sempre lavorato anche quando preparavo il campionato del mondo: mi alzavo alle 4.00, mi allenavo, andavo in cantiere, la sera mi allenavo di nuovo. Per fare il record del Cervino, ho prima scalato 30 volte quella montagna. Dover lavorare oltre ad allenarsi non mi è mai parso una maledizione, ma quasi l'opposto; perché dover abituarmi a fare sacrifici mi ha temprato, mi ha reso più forte di tutti. In gara gli altri mollavano sempre un po' prima di me. Qualcuno si lamenta della durezza degli allenamenti: per me allenarmi era sempre una vacanza, perché non ero giù a spaccare pietre. Ho letto che Socrate avrebbe detto una frase del tipo: 'Lascia che i tuoi figli abbiano sempre un po' di freddo e un po' di fame se vuoi che siano felici'. Ecco, l'ha scritta Socrate, ma l'ho pensata anch'io. La fatica, l'avere poche cose, i sacrifici mi hanno insegnato a dare il giusto valore alle cose. Oggi ho quattro figli [ora sono diventati cinque, *N.d.A.*] che non hanno fatto la vita che ho fatto io. Questo mi sembra un bene, ma a volte non ne sono sicuro. Io comunque non li spingo assolutamente a fare sport; lascio che facciano quello che gli pare, anche se sono molto contento se vedo che lo sport gli piace. Ecco, una cosa la devo dire: non sopporto i genitori che 'spingono' i figli nello sport. Credo che lo sport ad alto livello vada fatto solo se uno se lo sente dentro, come un grande desiderio. Tanti mi chiedono di allenare: ma mi piacerebbe portare i giovani, anche i bambini, in montagna con me. Insegnargli ad amarla e rispettarla, ad apprezzarla come ho fatto io. Che poi il resto, se deve venire, venga da sé.»[1]

La storia di Bruno è bellissima. Tuttavia non vorrei che spingesse a conclusioni indebite: per diventare resistenti alle frustrazioni e ai disagi non occorre necessariamente condurre un'infanzia di privazioni e una vita colma di asprezze. Anzi, una vita di miseria e patimenti statisticamente è più facilmente correlata alla devianza e all'emarginazione che all'ingresso nell'empireo degli atleti. **L'elemento che fa la differenza, a mio parere, è cul-**

[1] Il racconto di Bruno è tratto da: Pietro Trabucchi, *Ripensare lo sport,* Franco Angeli, Milano, 2004.

turale, educativo, e solo indirettamente è una questione di reddito o di fame in senso stretto. Lo spiega in modo chiarissimo Bruno nel suo racconto: «Lascia che i tuoi figli abbiano sempre un po' di freddo e un po' di fame se vuoi che siano felici» gli sembra abbia detto Socrate. E ha ragione: una certa abitudine e dimestichezza con il disagio e i sacrifici in tenera età aiutano a costruire l'«antidoto» al senso di frustrazione da adulti. Senza esagerazioni sadiche, certamente. Parlando della fatica, abbiamo visto come il fattore culturale possa modificarne radicalmente la percezione. Ora immaginiamo di estendere il discorso non solo alla fatica, ma anche a tutte le forme di disagio psicofisico. Ovviamente ci sono ambienti che spontaneamente favoriscono lo sviluppo di questa capacità di accettazione. Molti dati fanno propendere verso questa tesi. Roberto Campaci, il tecnico nazionale dello sci di fondo, ha analizzato le zone di provenienza e il back-ground culturale degli atleti convocati nella Nazionale di sci di fondo negli ultimi vent'anni: «L'ambiente culturale di provenienza e il tipo di realtà sportiva in cui l'atleta da giovane si trova a muovere i primi passi risultano altamente correlati all'ingresso in Nazionale. Per esempio il fatto di provenire da un ambiente contadino, che valorizza la fatica, la disciplina e la laboriosità. Oppure aver militato inizialmente in sci club piccoli e poveri, dove ci si deve inventare tutto e dove ogni opportunità deve essere sfruttata fino in fondo. Questi fattori interagiscono con quelli personali, e il loro mix determina la resilienza dell'atleta».

Campaci cita il caso degli ultimi atleti entrati in squadra A prima delle Olimpiadi di Torino 2006: «Tommy Moriggl (uno dei rarissimi atleti italiani saliti sul podio di Coppa del Mondo in gare individuali prima dei 23 anni) proviene dal mondo contadino della Val Venosta; Roland Clara da una realtà sportiva dove non c'è una tradizione per lo sci di fondo e bisognava inventarsi tutto; Valerio Checchi proviene da un luogo con una discreta tradizione fondistica, ma situato in Centro Italia, 'un altro pianeta' rispetto a dove pulsa il cuore dello sci di fondo in Italia. Questo ragazzo, fin da bambino ha dovuto affrontare, per gareggiare, trasferte di 800 chilometri. in treno, a volte da solo. Poteva farlo solo in virtù di una grandissima motivazione. Uno che affronta ore su ore di treno per andare a gareggiare una volta sul campo di gara non ha ripensamenti, dubbi o esitazioni. È difficile che si ritiri, se non altro pensando ai soldi che ha sborsato per il viaggio. Finisce per dare sempre il massimo. È evidente che la sua resilienza sia cresciuta fino a farlo giungere in Nazionale».

L'ambiente culturale può dunque fare la differenza. Ma in che modo esattamente? Quali sono gli elementi decisivi che possiamo introdurre nel nostro stile di vita, anche se non facciamo gli agricoltori o non siamo costretti, come Bruno, ad assaggiare carne di cane in gioventù? Ho provato a chiederlo a Marco Olmo e Roberto Ghidoni. Nessuno dei due è un personaggio televisivo, ma loro due, messi insieme, valgono un intero stuolo di ospiti di salotti catodici.

Marco è ispido, magro e duro come il legno. Avendo superato da un po' il mezzo secolo di vita, ha un viso incorniciato da una chioma e da una barba candide. Tuttavia sono poche le somiglianze con Babbo Natale: non solo per via della differente silhouette, ma anche per via dello sguardo. Quello di Marco non indulge spesso al buonismo. La diplomazia non è il suo forte. Insomma, è uno che non scherza. Chiedetelo ai francesi, anzi al pubblico francese presente a Chamonix, quando nel 2006 ha tagliato per primo il traguardo dell'Ultratrail del Monte Bianco, 165 chilometri di sentieri e oltre ottomila metri di dislivello positivi corsi in 21 ore e una manciata di minuti. C'erano diecimila persone ad aspettare l'arrivo dell'«enfant du pays» Vincent Delabarre, ed ecco che ti arriva questo italiano, «la cui età sminuisce la difficoltà della gara». Metà del pubblico rischia un infarto dalla rabbia, l'altra metà un'ulcera. Tanto più che la Francia sportiva era fresca reduce dalla sconfitta con gli azzurri ai mondiali di calcio. «Olmo come Bartali» scrive Leonardo Soresi, e cita la canzone di Paolo Conte dedicata al celebre ciclista: «...e i francesi che s'incazzano/ che le balle ancora gli girano...» Poi però la sportività dei transalpini ha il sopravvento, e al momento della premiazione, quando Marco sale sul podio, gli viene tributato un applauso di cinque minuti abbondanti.[2]

Ma chi è veramente Marco Olmo? Intanto, anche se a Chamonix ha fatto il guastafeste, non è l'ultimo arrivato: alle sue spalle ci sono quattro vittorie nella Desert Cup in Giordania, tre nella Desert Marathon e cinque nel Grand Raid du Cromagnon.

Marco abita a Robilante, comune agricolo della provincia di Cuneo al centro della valle Vermenagna. Il motto del paese è «Fortunae robur antecellit» (la forza sovrasta la fortuna): praticamente un invito a adottare un «locus of control» interno e che si adatta a pennello a questo suo illustre abitante. Dopo le scuole elementari, Marco abbandona gli studi e diviene contadino e poi boscaiolo. A vent'anni intraprende il mestiere di camionista. «In breve mi sono trovato a pesare ottanta chili (oggi ne peso sessantasette). Avevo ventisette anni. È per quello che ho iniziato a correre.» Inizia, ma poi fa sul serio. Per andare al mare, di solito tutti dalla provincia di Cuneo prendono la macchina. Marco no: lui parte da Robilante e in otto ore, attraverso le alpi liguri, raggiunge Arma di Taggia. Nel frattempo ha cambiato lavoro: fa l'operatore di movimentazione terra, ovvero, in poche parole, il ruspista.

Lo fa fino alla pensione, alternando otto ore di lavoro in cantiere e allenamenti. Nonostante i successi Marco fa fatica a partecipare alle gare, considerando che prepararsi a una gara nel deserto è molto costoso e nessuno è disposto a sponsorizzarlo. Come ha scritto qualcuno, «Marco ha testa, gambe e palmarès, ma gli mancano immagine e diplomazia: e sappiamo quanto sono importanti oggi. Non è capace di avere tante conoscenze, risulta spesso antipatico, e per questo malvisto (oltre che temuto) nelle gare».

Se provate a chiedergli se abbia fatto sport da bambino, vi

[2] Nel 2007 Marco ha bissato il successo vincendo nuovamente l'Ultratrail (a quasi sessant'anni e davanti a blasonati professionisti americani).

guarda in modo sarcastico: «Eh, abitavo a più di mezz'ora di cammino dalla scuola. Avanti e indietro, avanti e indietro, e quando arrivavo a casa dovevo salire al pascolo. Poi magari dovevo andare con mio padre a fare i fieni ed ecco che puntualmente lui si dimenticava qualcosa a casa, magari la corda o qualcos'altro. Allora dovevo andare a prenderlo, su e giù, avanti e indietro. Non avevo mica tempo per fare sport!» Ecco, forse agisce qui il meccanismo che rende più tolleranti fisicamente e psicologicamente al disagio: **non è il fatto in se stesso di aver faticato da giovani che fa la differenza. Piuttosto quello di essere stati strappati fin da piccoli a un funzionamento secondo quello che gli psicoanalisti chiamano «principio del piacere».** Freud ci ha insegnato che tutti noi, da neonati e nella prima infanzia, funzioniamo secondo questo principio: quello che vorrebbe vedere realizzati istantaneamente i nostri desideri, senza alcuna fatica.

Il bambino piccolo piange, strepita e batte i pedi per terra se non viene istantaneamente accontentato. La sua mente non è ancora in grado di concepire la possibilità di differire la soddisfazione del desiderio. Gradualmente, durante l'infanzia, dovremmo però sostituire il funzionamento secondo il principio del piacere con quello secondo il principio di realtà: vale a dire dovremmo realizzare che gli obiettivi desiderati non vengono raggiunti in modo magico, ma che bisogna invece adattarsi a faticare per conseguirli. Ahimè, il raggiungimento di questa consapevolezza non è scontato. Altro che infanzia! Nella nostra società sono molto diffusi soggetti che continuano a vivere prevalentemente secondo il principio del piacere trent'anni e oltre dopo il termine dell'infanzia. La cultura contadina o quella montanara forniscono, oltre all'aria salubre, anche questo vantaggio: educano al passaggio da principio di piacere a quello di realtà, abituandoti ad accettare come normale e inevitabile un po' di fatica, un po' di disagio, un po' di delusione. (Ed ecco perché, a mano a mano che le popolazioni alpine si trasformano da allevatori di mucche a pasciuti albergatori, i personaggi alla Brunod o alla Olmo diventano sempre più rari.)

Analizzato in termini cognitivi, il passaggio dal principio di piacere a quello di realtà diventa un problema di adeguamento delle aspettative. Certe culture, certi stili di vita, educano ad aspettative più realistiche: «Se vuoi ottenere quello, figliolo, dovrai fare un po' di fatica, dovrai soffrire un po'. Fattene una ragione, perché non c'è alternativa».

L'accettazione della sofferenza si gioca qui: adeguando i nostri orizzonti interni fino a rendere inevitabile e previsto, quotidiano, ciò che per altri è inaccettabile e inatteso. Si tratta di modificare la valutazione cognitiva, adattando le aspettative alla realtà. Ne è la riprova la storia di un altro campione della resistenza estrema. Roberto Ghidoni è un gigante che vive in provincia di Brescia, a Ludizzo di Bovegno, dove possiede una piccola azienda agricola a conduzione familiare. Con lui lavorano la moglie Vanna e la figlia Ginevra. Gli americani lo chiamano «the Italian Moose», l'alce italiano, e non è semplicemente merito del 49 di piede o della statura che sfiora i due metri: il fatto è che Roberto è stato autore di sei prestazioni consecutive folgoranti in una delle gare di resistenza più impegnative al mondo.[3] Ma andiamo con ordine. Roberto nasce a Brescia nel 1952 e si sente legato fin dall'infanzia da un rapporto istintivo e terribilmente intenso con il mondo naturale. Giovanissimo è costretto a trasferirsi a Milano a causa delle esigenze lavorative del padre, funzionario in un'azienda del settore energetico. Roberto soffre la vita in città: è pieno di nostalgia nei confronti delle montagne e dell'ambiente naturale, conosciuto soprattutto durante i soggiorni nella casa del nonno, in val Trompia.

Ma la metropoli non è solo assenza di natura. È anche, in qualche modo, un luogo dell'umanità sofferente. Il piccolo Roberto è colpito dalle figure degli operai che vede quotidianamente uscire dalla fabbrica nelle vicinanze di casa: «Uscivano

[3] La storia di Roberto Ghidoni è narrata magistralmente nel bellissimo libro autobiografico *Il cammino del lupo*, Insigna editore, Milano, 2006. Un bell'articolo di presentazione è uscito sulla *Rivista della Montagna*, 288 (marzo 2007). Infine sulle sue imprese è stato girato il film *Tracce* dal regista Marco Preti.

delle figure scure, sembravano verniciate di non so cosa, soltanto gli occhi arrossati facevano capire che sotto quelle tute nere c'erano uomini che lavoravano per vivere, per portare a casa la fetta di polenta. Non sapevo il perché, ma la vista di quelle sagome stanche mi creava una sorta di simpatia e di disagio allo stesso tempo, ma ero ancora troppo giovane per dare delle risposte». Sono inquietudini che di solito si risolvono velocemente: la vita rientra rapidamente nei binari delle consuetudini, nostalgie e irrequietezze della giovinezza vengono dimenticate in fretta. Non per Roberto. E in questo si manifesta una sua caratteristica distintiva: la capacità di ascoltare fino in fondo i propri sogni, di accettare di essere mosso da passioni che sono manifestazioni di forze più grandi di lui, di non opporvisi contrapponendo il senso comune, la razionalità, le consuetudini. Il legame con l'amata val Trompia è così forte che a un certo punto Roberto opera una scelta radicale: abbandona il politecnico e gli studi di ingegneria, che ha già frequentato tre anni, e si trasferisce a Ludizzo in quella che era la casa del nonno. Pur di vivere lì accetta di assomigliare a quelle figure stanche che lo colpivano da bambino, e diventa operaio in una trafileria. Ma in breve, assieme a Vanna, che diventerà sua moglie e che ne condivide le scelte, intraprende la strada dell'agricoltura. La gente del posto commenta: «Non durano più di un anno». Oggi Roberto ha cinquantacinque anni ed è ancora lì. Il mestiere di agricoltore è duro, specialmente in montagna, e non gli concede troppo tempo libero; in quel poco che riesce a trovare suona la fisarmonica nelle feste campestri, fa il volontario nel soccorso alpino, segue l'attività agonistica della figlia e fa un po' di sport: gli piace soprattutto lo sci alpinismo, dove ottiene dei risultati di rilievo, anche a livello nazionale. Il fisico c'è, indubbiamente. Se n'era già avuto sentore anni prima quando Roberto prestava servizio militare: allora fu chiamato nel gruppo sportivo della caserma e spedito ai campionati nazionali militari, dove si laureò campione italiano militare nel lancio del peso.

Ma quello che Roberto realizzerà negli anni successivi ha a

che vedere solo molto parzialmente con le capacità fisiche. Nel 1999 qualcuno gli parla di una competizione che si svolge, in pieno periodo invernale, in Alaska. Una gara assurda, per l'ambientazione, la lunghezza, i pericoli. Il percorso ricalca un tragitto storico. Nel 1925, infatti, la città di None, nel nord-ovest dell'Alaska, viene colpita da una grave epidemia di difterite. I vaccini che servono urgentemente per salvare la vita a moltissimi bambini vengono reperiti in parte ad Anchorage e in parte altrove, ma resta il problema del trasporto: in pieno inverno None è raggiungibile solo con piccoli aerei o con slitte trainate dai cani e, fallito il tentativo di racimolare degli aerei in tempo utile, non rimane che tentare di raggiungere la città con le slitte. Così, il 26 gennaio 1925, cinque giorni dopo la diffusione del disperato appello, venti conduttori di slitte partono da Nenana, 1800 chilometri a est, con il siero. Il 2 febbraio 1925 il siero giunge a None, e l'impresa entra nella leggenda. Per far rivivere questa epopea, sul percorso compiuto nel 1925 venne organizzata nel 1973 la più grande e difficile gara con i cani da slitta al mondo: l'Iditaroad. A questa gara con i mezzi tradizionali, viene affiancata negli anni '90 l'Iditasport: una competizione dove i concorrenti non dispongono di slitte, ma possono partecipare a piedi, con gli sci o con la mountain-bike.

È una folgorazione. È ben nota a tutti l'esistenza del «mal d'Africa», ma da allora bisogna considerare anche l'esistenza del «mal d'Alaska». Roberto ha quarantasette anni; non ha mai preso un aereo in vita sua; non ha nessuna chiarezza su quello che l'aspetta. Tuttavia, anche questa volta asseconda la «chiamata»: non si oppone razionalmente, si sottrae a tutte quelle argomentazioni di buon senso che la gente «normale» userebbe per crearsi degli alibi. Si iscrive alla IditaExtreme, una gara su distanza «più corta», di «solo» 560 chilometri, da Knik a McGrath. Termina classificandosi al terzo posto nonostante l'inesperienza. L'anno successivo, nella stessa competizione, è primo ex equo. Il terzo anno si iscrive alla gara sul percorso di 1765 chilometri: abbassa il record precedente di quattro giorni e mezzo. Nel

2003 è vincitore assoluto: precede tutti gli altri concorrenti. Per la prima volta un atleta a piedi precede i concorrenti muniti di sci o in mountain-bike. Nel 2004 Roberto torna a cimentarsi con il percorso «corto», quello di 560 chilometri: l'intenzione è di abbassare il proprio tempo su quella distanza. Una tromboflebite alla gamba gli impedisce di farlo. Nonostante questo è comunque primo nella categoria «runner». Infine nel 2005 il suo capolavoro: l'Iditatrail South Route, cioè il percorso di gara di 1800 chilometri che si snoda seguendo la variante sud del percorso storico, variante caratterizzata da venti contrari costanti ed enormi distanze tra un punto di rifornimento e l'altro. Roberto realizza il nuovo record del tracciato, in 23 giorni e 10 ore.

Trascinare a piedi una slitta per ventitré giorni, in solitudine, nell'inverno polare, lungo piste a volte battute dalle motoslitte, a volte con la neve dove si affonda, non è semplicemente uno sforzo fisico. Non lo è arrancare di notte, a –40°, e sapere che se ci si arrende al sonno sarà morte sicura. Non lo è cercare affannosamente di non perdere i radi indicatori che ti segnalano se sei sul percorso giusto. Nemmeno lo è l'incontro con i lupi; o non trovare più il luogo dei rifornimenti perché le nevicate lo hanno sepolto. Oppure il gonfiore mostruoso dei piedi, le vesciche ripiene di sangue, la faccia congelata, il camel bak che si rompe sotto i vestiti e ti si gela addosso, la crosta gelata del fiume che si frantuma sotto il tuo peso. Sono difficoltà inimmaginabili per la maggioranza di noi. Eppure Roberto Ghidoni è stato capace di superarle felicemente. Ma perché? Come fa?

Abbiamo detto che la capacità di tollerare il disagio passa attraverso l'adeguamento delle aspettative in direzione dell'accettazione del disagio stesso e della fatica come consuetudine. Per Bruno Brunod l'accettazione del patire come regola quotidiana è stata frutto della necessità. Per Roberto Ghidoni tutto è passato attraverso una scelta consapevole: la fatica quotidiana come dovere morale, come desiderio di ascesi. Una scelta motivata, radicata nel profondo: «Ho avuto consapevolezza che soltanto attraverso le fatiche di un lavoro umile avrei imparato il rispetto della condizione umana e attraverso la sofferenza mi sarei pulito» ricorda Roberto nel suo libro. La vita in mezzo alle difficoltà come scelta etica rappresenta un messaggio molto forte e molto chiaro, controcorrente rispetto alle tendenze che oggi vanno per la maggiore: forse non è un caso che spesso, mentre Roberto taglia il fieno, vengano a trovarlo dei ragazzi tossicodipendenti per conoscerlo, dopo che hanno sentito parlare di lui o hanno letto il suo libro. «Sono affascinati dalla mia vicenda forse perché vi intravedono un tentativo di risposta ai loro problemi esistenziali» spiega Ghidoni. Ci pensa un attimo e poi aggiunge: «La mia vita in fondo è la storia di una ricerca personale. Ho capito che attraverso la fatica quotidiana e l'accettazione di una collocazione umile e defilata nel mondo io stavo inconsciamente perseguendo una sorta di rinuncia all'Ego. Ci sono arrivato a capirlo molti anni dopo, quando ho cominciato a leggere e interessarmi della concezione buddista del mondo. Una filosofia con cui ho scoperto di condividere molte posizioni». La sua modalità di relazionarsi con le difficoltà assomiglia all'atteggiamento tipico delle persone che hanno una lunga pratica di meditazione. Eppure non mi risulta che Roberto sia un meditatore. Direbbe un saggio che il mondo è pieno di strade, ma che chiunque cerca instancabilmente con sincerità e dedizione alla fine perviene sempre agli stessi punti d'arrivo.

4.3. Il fattore cognitivo nella tolleranza al disagio

> «Leggiamo il mondo in modo sbagliato e diciamo che esso ci delude.»
> Tagore, *Uccelli migranti*, LXXV

Da un punto di vista cognitivo, la frustrazione è riconducibile alla delusione delle aspettative. Se ho dato molto peso all'influenza dell'ambiente culturale e dell'educazione è perché sono proprio queste due realtà a generare la maggior parte delle aspettative che le persone nutrono nei confronti del mondo. Gli esseri umani sono facilmente influenzabili dagli atteggiamenti che sono trasmessi loro dai genitori e dall'ambiente in cui vivono. Gran parte del nostro sistema di aspettative proviene da qui. Il sistema di attese regola la capacità di sopportare il disagio, si tratti di frustrazioni psicologiche o di sofferenza fisica. Chi come Bruno è abituato a saltare il pasto o dormire dove capita non ha difficoltà a prendere immediatamente sonno sul pavimento di una cucina sconosciuta. Il personaggio con un po' di puzza sotto il naso, e con aspettative del tipo «Io-sono-l'ombelico-del mondo», troverà un po' più difficoltoso ottenere lo stesso risultato. Il limbo dorato delle aspettative inconsapevoli è il luogo dove produciamo i bersagli che forniremo ai colpi della vita.

Da ciò consegue quanto sia importante verificare con attenzione le aspettative che si nutrono nei confronti degli eventi. La verifica ci consente di capire quando nutriamo aspettative eccessive. Spesso tendiamo a pensare e costruire sistemi di attese in termini di «doverizzazioni», cioè di aspettative esagerate e poco flessibili: «il mondo deve essere giusto», «gli altri devono essere leali», «ognuno deve apprezzarmi», «devo essere sempre brillantissimo in tutte le situazioni». Sono tutti esempi di desideri che, se espressi in termini rigidi di ineluttabilità, conducono inevitabilmente alla frustrazione. Infatti chiunque può desiderare e sperare di essere, per esempio, sempre apprezzato da tutti; ma è inadeguato e irrealistico esigerlo come fosse un «dovere» per l'Universo. Ciononostante spesso ci aspettiamo che questi «stati di necessità positiva» puntualmente si avverino. Si tratta di attese inconsapevoli e proprio per questo invito a prenderne coscienza: l'adozione delle doverizzazioni, infatti, ci espone ad alti livelli di ansia e frustrazione.

Nello sport l'adozione di attese eccessive è molto frequente. Invece di un approccio realistico rivolto all'anticipazione del negativo, molti ingenuamente ritengono vantaggiosa l'adozione di un atteggiamento improntato a un generico, panglossiano «Pensa positivo!»

Dico panglossiano, con riferimento al *Candido* di Voltaire, per indicare un ottimismo del tutto slegato dai dati di realtà e, perciò, infantile e controproducente. Nell'immortale capolavoro di Voltaire, il filosofo Pangloss è l'istitutore di Candido. La sua filosofia propugna una sorta di ottimismo sprovveduto, e del tutto gratuito, secondo il quale è inutile impegnarsi e lottare per cambiare le cose: il cosmo infatti non può che funzionare nel migliore dei modi possibili. E le sventure allora? Tutto rientra in una logica di stretta necessità contingente, per cui anche le disgrazie in realtà non sono che piccoli patimenti necessari al miglior funzionamento generale del cosmo. Non si può far altro che rimanere immobili, fiduciosi e ottimisti. Nel libro Pangloss rappresenta in modo caricaturale il filosofo Leibniz, contemporaneo di Voltaire. Pangloss all'inizio del romanzo ha appena terminato di proferire la famosa frase «Questo è il migliore dei mondi possibili» che Candido viene coinvolto in una sequela impressionante di eventi funesti: guerre, massacri, carestie, violenze, perfino cataclismi naturali come il terremoto di Lisbona.

Nello sport, come nella vita, l'ottimismo di giornata non fa andare lontano. Aggiungo, senza polemica, che gran parte degli strumenti operativi che ancor oggi una parte degli psicologi dello sport si ostina a offrire agli atleti non è altro che ottimismo panglossiano rivisitato, con l'aggiunta di qualche parola statunitense.

Ho imparato l'importanza di un approccio realistico all'anticipazione del negativo grazie a una persona che ho sempre considerato il mio «maestro» per le gare di ultramaratona (cioè le gare di corsa su distanze che superano i 42,195 chilometri della maratona). Oggi le ultramaratone rappresentano un po' un fenomeno di moda nel mondo podistico, ma dieci anni fa non era così. In Italia pochissimi sapevano cosa fossero, anche se il nostro paese vantava ugualmente primatisti e grandi interpreti della specialità.

Tra questi figura Mario Castagnoli di Pisignano che – e scusate se è poco – ancora oggi è una delle due persone al mondo (l'altra è scozzese) a vantare sei partecipazioni alla Sparta-Atene, la gara di corsa più dura al mondo (245 chilometri), con altrettanti tagli del traguardo. Molte delle cose che so sulla gestione di queste gare le devo a Mario, che tra l'altro annovera nel suo curriculum anche una Ravenna-Roma di corsa, in meno di 58 ore (tanto per festeggiare degnamente il Giubileo del Duemila). Mario, che oggi ha passato la sessantina, e che non è mai stato sorretto da un fisico particolarmente straordinario, ha da sempre dovuto contare molto sulla forza dei suoi atteggiamenti mentali.

Un giorno Mario mi portò con lui a provare una parte del percorso della gara che organizza: la Nove Colli Running, 205 chilometri sullo stesso percorso dell'omonima gara ciclistica. Parlando del tracciato mi sembrò che il punto di ristoro di Ponte Uso, all'incirca al centosessantesimo chilometro, fosse la chiave di volta del percorso, quello dove si decideva tutto. «Se voglio arrivare al traguardo» dissi «qua occorre arrivare nelle migliori condizioni possibili.» Ma Mario non era per nulla d'accordo: «Tu, invece, devi pensare che arriverai qui in uno stato tale da avere solo la forza di aprire il cassonetto dell'immondizia e tuffartici dentro. Se parti illudendoti che qui giungerai in buone condizioni, cosa che non capiterà a nessuno, quando ci arriverai mezzo morto ti prenderà la disperazione e sceglierai di fermarti. Preparati al peggio. Se proprio dovesse andare benissimo, sarai ancora più contento». Aveva ragione. L'anticipazione del negativo, le aspettative basse funzionarono egregiamente.

A mia volta trasmisi questo «trucco» cognitivo a Claudio Bastrentaz e a Paolo Comune in procinto di partire per la già citata traversata della «Val d'Aosta a fil di cielo». Li invitai a non immaginarsi mai di arrivare all'appuntamento con le tappe della loro lunghissima traversata in uno stato psicofisico buono, o in perfetto orario sulla tabella di marcia. Altrimenti sarebbero andati incontro a un'enorme quantità di delusione e frustrazione perché, come puntualmente avvenne, prima di arrivare alla fine avrebbero accumulato ritardi e sperimentato tutta la gamma possibile della demotivazione e dell'esaurimento fisico.

Le attese di tipo panglossiano nello sport sono fallimentari anche dal punto di vista della gestione della fatica. Oggi sappiamo che le aspettative condizionano persino la cruda percezione dell'affaticamento. Due ricercatori della Wake Forest University hanno dimostrato che la nostra percezione dello sforzo è influenzata dalle attese sulla durata temporale dell'impegno. Nell'esperimento i soggetti, posti su dei cicloergometri, a parità di watt di pedalata e di impegno cardiovascolare percepivano una maggiore fatica quando si chiedeva loro di sostenere uno sforzo più lungo di quello inizialmente atteso. La fatica percepita è dunque tanto più intensa quanto inaspettata. Su questa base scientifica possiamo giustificare i ritiri inspiegabili che a volte capitano nelle discipline di resistenza all'inizio o a metà gara: probabilmente il soggetto si aspettava di fare molto meno fatica di quella effettivamente sperimentata e questo fatto gli ha reso insopportabile il livello di affaticamento percepito.

Fortunatamente è possibile rinforzare la capacità di sopportare il disagio, educando il nostro sistema di attese a indirizzarsi verso modalità più confacenti alla realtà. Parleremo di questo aspetto più avanti, nel capitolo 8: in questa sede, tuttavia, vorrei precisare che, anche quando il nostro sistema di attese è organizzato in modo più consono alla realtà, ci capita a volte di sperimentare frustrazione e disagio. In sé ciò non è un male, perché non dobbiamo dimenticare il significato evolutivo della frustrazione e la sua utilità pratica: di fronte a una situazione negativa la frustrazione spinge il nostro cervello a muoversi, a cambiare indirizzo di vita. In quest'ottica la frustrazione diventa veramente dannosa solo quando è eccessiva e troppo prolungata. In tal caso nell'individuo possono generarsi quelle situazioni psicologiche che abbiamo denominato di «impotenza appresa».

Nei prossimi due capitoli esamineremo due possibilità di reagire in modo resiliente agli eventi negativi.

4.4. L'esito finale

«Sbagliate il cento per cento dei colpi che non tirate mai.»
Wayne Gretzky

Era ancora aprile quando vedemmo l'Everest per la prima volta da vicino. Prima avevamo solo avuto fugaci visioni da molto lontano. Durante l'avvicinamento, in tutti i colli dove si transitava, lo cercavamo all'orizzonte: ci appariva la sommità, sempre ornata dall'inquietante criniera di neve sollevata dal vento. Quel giorno giungemmo al monastero di Rongbuk, finalmente a poche decine di chilometri in linea d'aria. A me apparve enorme, ma Bruno tentò di minimizzare.

Per affrontarlo, Bruno Brunod si era preparato scrupolosamente sulle Alpi, soprattutto nei mesi di gennaio, febbraio e marzo. Il suo allenamento tipico,[4] che lui definiva «corto», consisteva nel partire da casa (Chatillon, a circa 600 metri di altezza) e salire fino ai 2700 metri della cima dello Zerbion. Poi ovviamente scendeva a lavorare in cantiere. Ma se si limitava a quei 2100 metri di dislivello positivo al giorno sentiva di «aver fatto poco» e la sera faceva un'altra scarpinata. Così, in quel periodo di carico e allenamento, fare lo Zerbion due volte di seguito era quasi la norma.

Appena poteva, Bruno saliva a dormire ai 3500 metri del rifugio delle Guide al Plateau Rosa. Era una stagione particolarmente fredda. Il termometro del Plateau toccò persino i –30°! A Bruno, però, più che il freddo gli seccava dormire senza la moglie.

Una sera che dopo il lavoro saliva a dormire al Rifugio si era fermato a bere qualcosa dal thermos. Nel trafficare si era tolto un guanto, e il vento glielo strappò di mano. Chiunque altro sarebbe stato preso dal panico, visto che il rifugio era ancora lontano

[4] Sull'allenamento di Bruno si veda F. Schena, P. Trabucchi, F. Balestrieri, *Allenamento ed altissima quota: analisi di un caso reale*, relazione presentata al convegno della Società Italiana di Medicina di montagna, Arabba (BL) nel giugno 2007.

e la temperatura si aggirava intorno ai –20°, ma Bruno con la solita noncuranza si mise la mano in tasca e, infilato il relativo bastoncino sotto l'ascella, riprese a correre. Il mattino dopo scese regolarmente a lavorare all'alba, sempre con la mano in tasca.

All'Everest Bruno progettava un record eccezionale: partire dal campo base, salire al campo base avanzato, da lì proseguire al Colle Nord: dal Colle Nord salire fino in cima e poi ridiscendere nuovamente fino al campo base. Un percorso che sfiora i 60 chilometri di sviluppo e i 7200 metri di dislivello complessivo. Il tutto senza utilizzare l'ossigeno. Si tratta di un record che nessuno ha mai neppure tentato. L'unico precedente lontanamente paragonabile è quello di Hans Kamerlander, che in 16 ore è salito in vetta, però partendo dal campo avanzato: dunque togliendo quaranta chilometri buoni al sogno di Bruno.

Ma nessuno aveva tenuto conto dell'eccezionalità meteo di quell'annata: la montagna fu costantemente investita da venti estremamente violenti per quasi due mesi. Di regola la montagna concede, nel periodo in cui è accessibile, almeno due finestre di bel tempo. Ciascuna finestra dura due o tre giorni. Come spedizione, utilizzavamo un servizio privato di previsioni meteo, che ci inviava via internet prospezioni quotidiane a livello locale. Regolarmente ci arrivavano previsioni del tipo: «Prevista tra tre giorni finestra di bel tempo». Il giorno previsto, altrettanto regolarmente, il tempo era schifoso. Così ci consumavamo nell'attesa. E si consumava anche il tempo, finché non ci sono rimasti quasi più giorni: i visti e i biglietti aerei scadevano, il monsone si avvicinava inesorabilmente. Quando abbiamo saputo di una possibile finestra di due tre giorni di tempo non buono ma con poco vento nei primi di giugno, abbiamo deciso di giocarci tutto lì. «Non torno a casa senza averci almeno tentato» diceva Bruno.

Il giorno stabilito si è capito subito che le previsioni non avevano azzeccato nemmeno quella volta. Il vento era sempre forte, 70 chilometri orari in quota, ma Bruno, coraggiosamente, ha deciso di partire lo stesso.

Ha percorso i primi 20 chilometri dal campo base (5200) al campo base avanzato (6400) in un tempo straordinario. Da lì è entrato nel ghiacciaio e nella seraccata ed è giunto ai 7000 del Colle Nord (campo 1) un po' provato, ma sempre in anticipo. Quindi, ormai al buio, ha attaccato la ripida dorsale nevosa che porta al campo 2, ed è stato investito in pieno dal vento, sempre a 70 chilometri orari. Sono stato testimone diretto del trattamento brutale che il vento ha riservato a Bruno nella notte, perché ne fui colpito anch'io: ero partito il mattino dal campo base avanzato per attendere Bruno al campo 1 e dopo il suo passaggio l'ho seguito, diretto come lui al campo 2. Anch'io mi portavo dietro un po' di frustrazione da elaborare: le mie aspettative iniziali non erano quelle di dover aspettare Bruno nel luogo più basso e lontano dalla vetta. Anche se il senso della missione per ciascuno di noi restava quello di fornire aiuto e sostegno a Bruno durante il record, tutti speravamo poi di poter anche tentare la salita in vetta. Trovarci nel campo più basso rendeva tutto più difficile. Ma il senso del dovere mi permetteva di ristrutturare la frustrazione: era meglio che a fare assistenza nelle vicinanze della cima ci fossero alpinisti più esperti come Claudio Bastrentaz, Christian Cesa e Stefano Epiney.

Proprio a Christian, come ho già raccontato, spetterà il sacrificio più grande.

Procedere di notte in quel vento, con tutti quei chilometri in velocità alle spalle, ha massacrato Bruno: oltretutto in quelle condizioni meteo, proprio perché il vento diminuisce la possibilità di respirare l'aria già rarefatta, diventa impossibile salire in vetta senza ossigeno.

In piena notte, con un tempo cronometrico comunque ineguagliabile, Bruno, completamente sfinito, in bilico tra la vita e la morte, ha raggiunto il campo 3 a 8200 metri, un punto più alto della vetta di molti ottomila. Dell'esito finale ho già detto.

In cima all'Everest, insieme all'amico Claudio Rosset, avremmo avuto un'ottima occasione per riflettere su quanto sia scarso il nostro reale controllo degli eventi, eppure quanto sia importante per noi continuare a credere di possederlo; e quanto le nostre attese e anticipazioni siano fallibili e ci rendano inutilmente vulnerabili alla frustrazione. Eppure ciò non avvenne. Perché queste solenni, catartiche prese di coscienza in vetta agli ottomila avvengono solo nei film di montagna di serie B. L'ipossia non permette al cervello di funzionare a regimi così alti. L'unico pensiero spesso è rappresentato dall'ansia della discesa, che non rappresenta semplicemente il cinquanta per cento dell'intera scalata: spesso rappresenta la resa dei conti, il momento dove l'affaticamento e la stanchezza si fanno sentire di più. Averlo presente fa anch'esso parte di una corretta gestione delle aspettative.

Punti chiave

- **La capacità di resistere al disagio, si tratti di frustrazioni psicologiche o sofferenza fisica, ha una radice comune: essa è di tipo cognitivo e origina nel sistema di aspettative dell'individuo. Perfino la percezione della fatica, come dimostrato da alcuni esperimenti, è influenzata dalle aspettative del soggetto. Un sistema fatto di attese eccessivamente elevate rende molto più vulnerabili alla frustrazione.**
- **Il sistema di attese dell'individuo è influenzato fortemente dall'ambiente sociale e dalla cultura ricevuta. La società attuale alimenta la costruzione negli individui di sistemi di aspettative irrealistiche perché troppo elevate. Questa modalità poco efficace di vedere il mondo non ha nulla a che vedere con il vero ottimismo (vedi il capitolo 6): piuttosto si tratta di una forma di ingenuità infantile che ha molto a che vedere con l'ottimismo «panglossiano». Estrazioni culturali di tipo diverso, come ad esempio quelle di origine contadina, favoriscono lo sviluppo di un sistema di aspettative tolleranti nei confronti del disagio e della frustrazione. Lo dimostra la storia di vari campioni degli sport di resistenza.**
- **È possibile intervenire sulla propria capacità di gestire la frustrazione verificando e modificando il proprio sistema di aspettative a priori. Ma anche educando il proprio sistema di attese a indirizzarsi in modo più realistico (vedi il capitolo 8). Tuttavia non bisogna dimenticare che il nostro cervello è stato creato capace di sperimentare frustrazioni in quanto esse hanno un'utilità pratica: ci spingono a**

cambiare le situazioni, a muoverci, a modificare la nostra vita. Le frustrazioni sono veramente dannose solo se eccessive e troppo prolungate in quanto creano «impotenza appresa».

Capitolo cinque

Rialzarsi: apprendere a ristrutturare

«Per quanto vivrai, continua a imparare a vivere.»
Seneca

5.1. La luce interiore del defraudato olimpico

«Ciò che non ti uccide ti rende più forte.»
Friedrich Nietsche

«Quel che non ti strozza t'ingrassa.»
detto popolare

«A sei anni ho deciso di entrare in un monastero buddista. I miei genitori hanno fatto fatica ad accettarlo, sei anni sono pochi per prendere decisioni del genere! Ho insistito e alla fine li ho convinti: sono entrato e sono restato lì fino ai dodici anni.»

Dachiri «Dawa» Sherpa è nato nel piccolo villaggio di Chulemo-Taksindu, nella regione dell'Everest in Nepal. È da questo villaggio di quaranta case che origina la sua folgorante carriera di corridore in montagna, culminata nella vittoria all'Ultra Trail Mont-Blanc. «Dawa», il soprannome sta per «lunedì», giorno della sua nascita, è il quinto di nove figli. Qui, nel salotto di casa sua, a Ginevra, emana un'aria di serenità e gentilezza, nonostante sia appena rientrato da otto ore di lavoro in cantiere. Visto in questa luce, non lo penseresti così forte, capace di macinare i 155 chilometri di sentieri che circondano il massiccio del Monte Bianco in circa venti ore.

È la morte del padre il motivo del suo abbandono del monastero. Dawa abdica al suo destino di monaco per aiutare la famiglia con il proprio lavoro: e comincia facendo l'aiuto cuoco nei trekking organizzati per turisti. Nel 1994 uno svizzero organizza una corsa in Nepal, ma gli mancano dei concorrenti a causa del forfait inaspettato di alcuni europei. Chiede a Dawa se gli interessi partecipare. «Sicuro!» risponde lui. È una gara a tappe di sette giorni, altrimenti conosciuta come la «Super marathon de l'Himalaya». C'è solo una piccola complicazione: Dawa non ha mai corso in vita sua. È sì ben allenato, praticante di arti marziali dai tempi del monastero: ma correre, quello non l'ha mai fatto come attività specifica... Si presenta al via e parte: dopo tre giorni di gara è costretto al ritiro per malattia. Ma ormai è contagiato dallo «spirito della corsa». In quell'occasione conosce Annie, una francese che vive in Svizzera. È il colpo di fulmine e poco tempo dopo si sposano e si stabiliscono a Ginevra.

Parlando con Dawa si è subito colpiti dalla sua capacità di ristrutturare il significato degli eventi. Credo che sia un'eredità degli anni passati in monastero, del suo addestramento buddista. **Ristrutturare cognitivamente qualcosa significa trovare degli elementi positivi in un evento, modificando il nostro modo di guardarlo.** Per esempio apprendere una nuova abilità quando si è costretti ad affrontare un problema; riuscire a ricavare un insegnamento da un errore; sapersi rialzare fortificati da una sconfitta; dare un senso alla sofferenza e così riuscire a superarla. È una capacità di cui siamo poco consapevoli ma che rappresenta una delle maggiori risorse a disposizione per affrontare le situazioni stressanti. In cinese l'ideogramma che rappresenta l'opportunità è inserito in quello che significa crisi. Nella nostra lingua la parola «crisi» deriva dal greco antico «krisis» che ha anche il significato di «scelta». Gli imprevisti, le difficoltà, i cambiamenti, persino il dolore rappresentano delle opportunità: opportunità che ci costringono a scegliere. Ma non è facile vedere una risorsa in un'esperienza negativa, trarre lezioni da una sconfitta. Chi ci riesce possiede un dono straordinario. In campo psicologico questa attitudine a ristrutturare gli eventi caratterizza le persone con un'elevata resilienza.

Attenzione: l'uso efficace di questa capacità non va in senso consolatorio. Una disgrazia rimane una disgrazia, una perdita rimane una perdita, una sconfitta una sconfitta. Se di un evento, in gran parte negativo, diciamo che è positivo, ci stiamo raccontando delle frottole e stiamo ponendo le basi per provare uno stress ancora maggiore. Ristrutturare, invece, significa imparare a portare a casa, nel bel mezzo di un evento negativo, un insegnamento che ci renda meno vulnerabili la volta successiva in circostanze analoghe.

Nel mondo dello sport, chi possiede un'elevata capacità di cogliere l'aspetto positivo nascosto in qualsiasi evento è sicuramente avvantaggiato. A cominciare dal modo in cui «legge» le sconfitte e gli errori: chi possiede una forte capacità di ristrutturazione, nonostante la delusione, considera la sconfitta come un'opportunità per migliorare. Anzi, ciò che distingue i resilienti dai vulnerabili è proprio la diversa valutazione che viene data all'insuccesso. Ha scritto Henry Ford che «l'insuccesso è la possibilità di ricominciare, in modo più intelligente». Per il vulnerabile, invece, la sconfitta è solo l'ennesima conferma della propria inadeguatezza; e ciò lo demotiva ancora di più a impegnarsi per cambiare questo stato di cose.

Apprendere dalla sconfitta, tuttavia, è un atteggiamento difficile da adottare in una società che ci impone di essere sempre vincenti. Io considero un segno di maturità in un atleta il fatto che prima di una gara riesca ad accettare la prospettiva della sconfitta come eventualità che «fa parte del gioco» e di un percorso evolutivo. Questo, ovviamente, non significa cercarsi l'alibi per non mettere il massimo impegno. L'atleta psicologicamente immaturo, invece, o nega la possibilità della sconfitta (ma ne è terrorizzato) oppure la vive come il segno di un destino persecutorio e immutabile, slegato dalla possibilità di progresso. E quando sbaglia non reagisce impegnandosi maggiormente, ma pretendendo di essere coccolato; oppure cercando alibi e capri espiatori.

In fondo ogni fallimento può essere descritto come uno stato di mancanza di controllo rispetto a un compito; perciò possiamo trasformarlo in un elemento utile se riusciamo a vederlo come tappa iniziale nel processo graduale di acquisizione di un maggiore controllo. Diventa distruttivo se rimane un insuccesso e basta; se non riusciamo a ristrutturarlo nel «punto zero» per il conseguimento della padronanza del compito. Al contrario, fallire ripetutamente, provare emozioni negative, e da qui sempre ripartire per giungere infine al controllo della situazione significa porre le basi per lo sviluppo di una resilienza eccezionale.

Il mondo sportivo è pieno anche di altri esempi di ristrutturazione del negativo. Ci sono atleti che hanno appreso a «vedere» situazioni sfavorevoli ai fini dell'allenamento come altrettante occasioni per crescere mentalmente: per l'atleta che deve uscire a correre, la pioggia o altre condizioni ambientali avverse possono essere viste come una maledizione. In realtà non c'è niente di più stupido dell'atleta che maledice la pioggia che lo bagna. Essa, come dice Sheakespeare, cade sui giusti e sugli ingiusti, e non si preoccupa dei programmi di allenamento di Tizio o di Caio. E per di più rappresenta anche un'opportunità: l'opportunità per diventare più forti mentalmente, per imparare a non prestare attenzione a un'apparente difficoltà che potrebbe presentarsi anche in gara. Chi non coglie l'opportunità riceverà inutile stress da se stesso.

Oppure si pensi al caso di Bruno Brunod, costretto per vivere a svolgere un lavoro fisicamente pesante tra i due allenamenti giornalieri: avrebbe potuto recriminare fino a farsi venire un'ulcera. Invece ha scelto di non interpretare la sua situazione come una disgrazia dal punto di vista sportivo. Anzi, nella sua mente aveva ristrutturato la situazione come un vantaggio, perché lo abituava a sopportare molto di più la sofferenza in gara rispetto ai suoi colleghi «più fortunati». Galanzino racconta un episodio in cui ristrutturare cognitivamente la situazione lo salvò dal ritiro: «In Atacama, durante la tappa nel lago salato, ho sofferto davvero tanto: 2 ore e 40 per attraversare 14 chilometri di zolle di cristalli di sale, tra storte, lacerazioni delle ghette e sprofondamenti nelle acque salmastre del lago. È stato un momento in cui mi sono detto: è impossibile proseguire, mi ritiro; poi ho alzato la testa e ho riordinato le idee, non avevo nessuno davanti, ero in testa alla tappa e quindi, per gli altri concorrenti, doveva essere almeno altrettanto dura e penosa, se non di più, visto che erano dietro». La situazione era sempre la stessa, ma pensarla come comune a tutti ne aveva attenuato la disperazione.

Ma le capacità di ristrutturazione cognitiva possono essere utilizzate anche nella vita di tutti i giorni: la prossima volta che siete fermi in coda con l'auto, osservate di fianco a voi chi vive tutto ciò come la prova definitiva della non-esistenza di alcuna divinità; e chi invece prende tutto ciò come l'occasione per praticare un po' di rilassamento o mettere a posto gli scontrini dell'autostrada. Un mio amico diabetologo convince i suoi pazienti super-impegnati e che non hanno mai tempo per compiere dell'esercizio fisico ristrutturando la loro visione: in tal modo costoro arrivano a rendersi conto che il tempo «perso» nell'esercizio viene ampiamente recuperato attraverso un aumento della produttività e dell'energia quotidiana e da una diminuzione dei giorni di malattia. E i desideri ancora irrealizzati possono essere visti come una ricchezza, come il possesso di una fonte motivazionale certa, invece che come fallimento o fonte di frustrazione.

Persino la paura dell'ignoto, della morte può venire ristrutturata, grazie alla poesia, in qualcosa di più vicino, di più familiare, di controllabile ed esaltante. Ne è un esempio questa poesia di Walt Whitman, scritta negli ultimi momenti della vecchiaia:

... spesso abbastanza ti sei avventurato sui mari,
cauto incrociando, studiando le carte,
ritornando debitamente al porto e agli ormeggi;

ma ora obbedisci al segreto desiderio che hai nutrito nel cuore,
abbraccia i tuoi amici, lascia tutto in ordine,
per non tornare più al porto e agli ormeggi,
parti per la tua crociera senza fine, vecchio Marinaio.
(Now Finale to the Shore)

Dawa ha sviluppato fortemente le sue capacità di ristrutturazione. «In Occidente» mi spiega «la gente tende a pensare: se non vinco, non corro. Ma io sostengo il contrario. Io parto per correre, non per vincere. Se poi arriva la vittoria, tanto meglio. Ma è un di più. Tuttavia, anche se perdo, ho potuto fare esperienza dei miei limiti, conoscere altre persone, godere della natura.»

Sarà questa visione del mondo il segreto della sua incredibile serenità di fronte a una delle più ingiustificate ingiustizie sportive degli ultimi anni? Una delle immagini sportive più belle che io ricordi appartiene alle Olimpiadi invernali: è stato qualche anno fa, quando Bjorn Dhalie, dopo aver vinto la sua gara e aver rilasciato un'intervista alla tv norvegese, tornò indietro sul traguardo per accogliere e abbracciare il primo concorrente africano che avesse mai partecipato alle Olimpiadi nello sci nordico (e che era arrivato una buona mezz'oretta dopo). Per la cronaca, quell'atleta, che si chiama Philip Boyt, ha chiamato il proprio figlio Bjorn. A quell'immagine ideale nella mia testa se ne contrappone ora un'altra, di segno contrario e proveniente dalle Olimpiadi di Torino 2006: Dawa doveva partecipare, quale unico atleta nepalese convocato, alla 50 chilometri skating. Aveva già partecipato, anni prima, ai Giochi asiatici, classificandosi ultimo. Per le Olimpiadi si era preparato meglio, aveva eccezionalmente lasciato il lavoro in cantiere per cinque mesi, aveva preso lezioni di sci, lo avevo visto partecipare ad alcune gare in Coppa Europa. Nel frattempo si era perfino permesso il lusso di bastonare (nella corsa, non nel fondo) il fortissimo campione francese di sci nordico Vincent Vittoz. Tre giorni prima che la gara venga disputata, il Comitato olimpico internazionale lo avverte che è stato spostato d'ufficio dalla 50 chilometri tecnica libera alla 15 chilometri a tecnica classica (come dire dal dorso alla rana nel nuoto). La motivazione, semi-ufficiale e un po' oscura, era che il Comitato avrebbe preferito che tutti gli atleti dei paesi minori corressero la gara sprint, in modo da togliere il disturbo in cinque minuti. Ma poco tempo dopo si chiariscono le cose in tutta la loro nauseante verità: il Comitato olimpico c'entra poco, il provvedimento parte dal Toroc (l'ente organizzativo delle olimpiadi torinesi) ed è motivato dal fatto che tale organismo vende le gare direttamente alle televisioni di tutto il mondo. Le televisioni comprano un format che riguarda l'intera gara, ossia partenza, arrivo e pre-premiazione al termine. Ovviamente ci sono pressioni perché la gara abbia dei tempi contenuti, così il Toroc vende più gare nella stessa giornata. E tutta questa gente del terzo mondo che si dimena sulla pista è fonte d'imbarazzo perché rischia di allungare eccessivamente i tempi televisivi. Dunque, in totale sintonia con lo spirito olimpico si relegano i paria olimpici in gare dove possano nuocere meno. Si diffonde la notizia e con essa lo sdegno: Dawa riceve messaggi di solidarietà da tutto il mondo, alcuni quotidiani chiedono di intervistarlo, perfino alcuni tra i tedofori inviano al Toroc e-mail indignate. L'unico che rimane imperturbabile di fronte alla prospettiva di essersi inutilmente sacrificato per mesi è proprio lui, Dawa. Alla partenza della 15 chilometri a tecnica classica la sua serenità appare inversamente proporzionale alle sue capacità tecniche, quasi nulle: altri forse avrebbero utilizzato l'ingiustizia subita quale alibi per evitarsi la figuraccia in mondovisione. «L'ho fatto per i giovani in Nepal» spiega. «Almeno per quei pochi che possono vedere una televisione. Non ho voluto pensare a me stesso. Il semplice fatto che un nepalese fosse lì e partecipasse, non importa con che risultato, avrebbe dato loro speranza. Per questo dico che il tutto è stato qualcosa di molto positivo.»

5.2. Un giro all'inferno

> «Trovare un senso, un significato rende molte cose sopportabili, forse tutte quante diventano sopportabili.»
>
> Carl Gustav Jung

Il meccanismo della ristrutturazione è alla base anche dell'umorismo. Noi ridiamo alla fine di una barzelletta perché il contesto e la scena acquistano improvvisamente un significato completamente diverso. Anche l'ironia si basa sull'utilizzo di una modalità alternativa di rappresentare la realtà. Il senso dell'umorismo è un grande fattore di resilienza. Henry Ward Beecher ha scritto: «Una persona priva di senso dell'umorismo è come una carrozza senza molle che sobbalza su ogni pietra lungo la strada». È vero. Il senso dell'umorismo viene ritenuto un meccanismo maturo di difesa psicologica: senza disconoscere la realtà, consente di ristrutturarne il significato e permette l'espressione di sentimenti e stati d'animo che altrimenti potrebbero divenire distruttivi.

Ma all'inizio della storia che sto per raccontare c'è purtroppo poco da ridere. Un uomo si prepara a correre la maratona della vita: non la correrà contro il cronometro o contro altri atleti. Correrà per riacquistare il controllo della propria esistenza contro quello che chiama «l'intruso», il tumore che è dentro di lui. La posta in gioco è la sua stessa vita.

È successo alcuni anni fa. Lucio Bottiglieri, cinquantenne di Treviso, manager in un'azienda leader del settore alimentare, si reca alla consueta visita per l'idoneità agonistica. È una persona interamente focalizzata sul lavoro che si concede solo due «distrazioni»: la famiglia e lo sport. È un buon maratoneta amatoriale che ha da poco avuto l'opportunità di compiere quella che ritiene essere l'impresa sportiva della sua vita: una gara di 168 chilometri nel deserto.

Sottoposto a un normale controllo di routine, viene convocato urgentemente in ospedale. Così Lucio si trova incredulo di fronte al medico che pronuncia il responso: «Signor Bottiglieri, lei ha un tumore avanzato alla prostata. Le consiglio, ehm... di prendere gli adeguati provvedimenti».

«Esco fuori frastornato» racconta Lucio, «mi sento solo, il mondo mi crolla addosso. La patologia che mi ha colpito rappresenta la seconda causa di mortalità maschile. Cosa faccio? Tutti i progetti svaniscono, la famiglia, i figli, la corsa. Vedo tutta la vita davanti agli occhi, è una tragedia. Mi domando con presunzione: 'Dio, perché? Perché a me? A me che sono stato sempre una brava persona, una persona onesta? Perché non a qualche criminale, ai mafiosi che sciolgono i bambini nell'acido?'» L'incredulità lascia il posto al rifiuto. «Non accettavo la sconfitta del corpo, mi rifiutavo con ostinazione, non volevo proprio accettarla.» Lucio passa un periodo nerissimo. «Da un lato continuavo a rifiutare la realtà. Dall'altra parte avevo la sensazione di controllare sempre meno la mia vita. Una volta, durante l'ennesima visita, sono nudo davanti ai medici e, saranno stati i farmaci, sarà stata l'emozione, sarà stato il tumore, mi faccio la pipì addosso. Proprio io, così attento sul lavoro all'efficienza e a non manifestare debolezze.»

La fase del rifiuto sta terminando e Lucio rischia di entrare in quella di una depressa rassegnazione. Fortunatamente la rete di amici e conoscenti intorno a lui si è mossa autonomamente e gli viene offerta la possibilità di operarsi (per quanto molti medici lo giudichino ormai inutile) nell'ospedale di un'altra regione. Lucio si ritrova spaesato nel letto di un ospedale lontano da casa. «Ero lì che guardavo il soffitto, quando ho realizzato un'analogia tra quello che stavo vivendo e l'evento che emotivamente mi ha più colpito nella mia vita: la maratona nel deserto. Non potevo attingere a migliore fonte. L'esperienza del deserto è stato il più grande investimento che potessi aver fatto nei miei confronti. Quando ero là, mi dicevo continuamente: tieni duro, principalmente quando tutto è avverso. E tante volte avevo pensato di non farcela. Ora, come sono arrivato al traguardo dei 168 chilometri stremato ma felice, posso arrivare anche a quest'altro. Allora ho capito che anche questa esperienza era una maratona nel deserto. Anzi, era la maratona della mia vita. E io ero là, sotto lo striscione di partenza, unico concorrente, con il pettorale che per l'occasione porta il numero 1. Se arriverò al traguardo vorrà dire che sono sopravvissuto. Se mi ritiro, vorrà dire che sono morto.»

Osservate come Lucio ristrutturi il suo problema, la lotta con il tumore, immaginandosela come una maratona: trasformando l'immagine del problema stesso, rappresentandoselo come qualcosa che gli è più familiare e che sa bene come affrontare, riesce a renderlo meno ansiogeno.

L'esperienza della maratona delle sabbie lo aiuta a vedere la malattia come un evento affrontabile. «Pensavo: se devo correre una maratona, cos'è la prima cosa da fare? Allenarsi! Allora giurai a me stesso che fino a quando sarei rimasto in ospedale mi sarei allenato tutti i giorni. Ma allenarsi è una parola grossa. Con questo termine intendevo lottare per avere le forze per alzarmi dal letto dopo la chemio e magari riuscire a camminarci intorno una volta. Oppure arrivare da solo fino al bagno e poi tornare sotto le coperte.»

Lucio viene operato e sottoposto a cicli di chemio e radioterapia. Poi viene dimesso. Apparentemente il tumore è stato rimosso, ma lui deve sempre essere tenuto sotto osservazione, continuando ad assumere farmaci a casa. Da allora sono passati sei anni: il tumore sembra definitivamente sconfitto e si può cercare di dare una spiegazione di quello che è successo. La sopravvivenza di Lucio sei anni fa non era affatto scontata. Anzi. Può darsi che sia stato fortunato o che il ristabilimento sia il risultato dell'azione di una serie di fattori casuali. Tuttavia a lui (e a me) piace credere che la guarigione sia stata aiutata da quella ristrutturazione iniziale della malattia come maratona nel deserto. La ristrutturazione infatti gli ha permesso di:

- ricondurre la malattia a un contesto conosciuto (le maratone); in questo modo Lucio l'ha vissuta non come qualcosa di ignoto ma come qualcosa che era in parte controllabile. E, come abbiamo visto, percepire un evento stressante come controllabile diminuisce gli effetti negativi a livello fisico dello stesso;

- scegliere autonomamente come vedere l'evento negativo e cosa fare per affrontarlo. Non percepirsi come agente passivo gli ha permesso di diminuire la risposta fisiologica all'ansia e alla depressione, che abbassa le difese immunitarie dell'organismo;
- essere, di conseguenza, più partecipe alle cure mediche. Spesso chi si rassegna trascura le terapie, e ciò rappresenta un importante ostacolo alla guarigione.

Due anni dopo Lucio si iscrive al campionato mondiale amatoriale di mezza maratona. Partecipano maratoneti provenienti da tutto il mondo e divisi per categorie di età. Al quindicesimo chilometro è in crisi: fa una fatica bestiale a causa dei farmaci che deve continuare a prendere e viene superato da un concorrente di ottantacinque anni. «Feci di tutto per non farmi superare, ma non ci fu verso. Ero troppo debole. Per il resto della gara lo continuai a vedere, sempre più distante davanti a me. Quando giunsi all'arrivo andai subito a cercarlo e l'abbracciai. Era un inglese. Gli dissi: 'Tra trent'anni, quando avrò la tua età, voglio essere ancora qui a correre'.»

Lucio non ha mai smesso di correre: «Certo, sono ormai sei anni che non riesco ad allenarmi con continuità e a ritmi sostenuti; di conseguenza sono divenuto lentissimo (una maratona quando va bene la termino in cinque ore). Però nella mia mente, anche quando devo fermarmi per i bruciori che avverto ai genitali (sono un effetto collaterale della radioterapia), trovo ancora la forza per andare avanti. Con questi dolori inenarrabili lo sconforto era tale che all'inizio pensavo che avrei smesso di correre. Poi mi sono detto: se non riesco ad allenare il corpo, allenerò la mente a tenere duro; e so che troverò un guadagno in tutto questo (sissignori!), perché quando finirà questa odissea ne uscirò fortificato nella mente come non mai.

«Eh sì, il mio obiettivo è poter ritornare un giorno a correre nel deserto. Certo, quest'anno compirò sessant'anni, non sono più un ragazzo, riconosco che devo vivere con l'intruso (ma chi se ne fotte), ma io mi lusingo al pensiero di ritornare un giorno nel deserto.»

L'esperienza della malattia ha cambiato Lucio anche nel senso delle priorità e dei valori che ora attribuisce alla sua vita. Un evento tragico è stato l'occasione per ristrutturare il senso di sé. «Io sono fortunato perché sono andato all'inferno e ne sto uscendo.» Spiega: «Ma so com'è. Molti altri non ci sono ancora andati. Non sanno. In sostanza la malattia ti rende realista. Ti fa apprezzare le cose. Ti costringe a muoverti. Ti fa diventare più consapevole e responsabile. Mentre prima ero in treno con le tendine abbassate ora le ho alzate e vedo un mondo».

Per gli antichi il giro dell'inferno è un rito molto importante da cui si riportano conoscenze vitali.

Punti chiave

- **Ristrutturare cognitivamente qualcosa significa trovare degli elementi positivi in un evento, modificando il nostro modo di guardarlo: in modo da imparare, nelle avversità, a portare a casa un insegnamento che ci rende meno vulnerabili la volta successiva in circostanze analoghe. Per esempio riuscire a ricavare un insegnamento da un errore; sapersi rialzare fortificati da una sconfitta; dare un senso alla sofferenza e così riuscire a superarla. È una capacità di cui siamo poco consapevoli ma che rappresenta una delle maggiori risorse a disposizione per affrontare le situazioni stressanti. Ma non va utilizzata in senso consolatorio. Se di un evento, in gran parte negativo, diciamo che è positivo, ci stiamo raccontando delle frottole e stiamo ponendo le basi per provare ancora più stress.**
- **Nel mondo dello sport chi possiede grandi capacità di ristrutturazione è sicuramente avvantaggiato. A cominciare dal modo in cui «legge» le sconfitte e gli errori. Noi siamo condizionati da una cultura che pone eccessiva enfasi sull'essere vincenti a tutti i costi e non sappiamo gestire la sconfitta, ne abbiamo troppa paura. Chi possiede una forte capacità di ristrutturazione cognitiva, nonostante la delusione, considera la sconfitta come un'opportunità per migliorare. Anzi, ciò che distingue i resilienti dai vulnerabili è proprio la diversa valutazione che viene data all'insuccesso. Per la persona resiliente, qualsiasi sconfitta, anche se genera inevitabilmente della frustrazione, viene vista come un'opportunità per**

apprendere e migliorare. E non solo la sconfitta, ma anche le grandi avversità, dai fallimenti alle malattie più gravi, possono essere ristrutturate come opportunità per cambiare e migliorare.

Capitolo sei

Imparare a sperare

6.1. Ventisette anni aspettando il giorno buono

> «È sperare la cosa più difficile. La cosa più facile è disperare, ed è la grande tentazione.»
>
> Charles Peguy

È stato come trattenere il respiro: succede spesso agli asmatici. O come quando ci si nasconde e si trattiene il fiato aspettando che qualcuno, magari la sfortuna, se ne vada via. Ma quel sospiro è rimasto sospeso per ventisette anni. E aspettare qualcosa, qualsiasi cosa, per ventisette anni non è poco. La maggior parte degli esseri umani si stufa, smette di sperare, lascia perdere. La tentazione è vedere i problemi come insolubili, di pensare al negativo come permanente. «Non ce la farò mai.» «Non cambierà mai nulla.» È quel «mai» a fregarci. Perché ce lo mettiamo noi. Nella realtà non esiste. Ma l'impermanenza del negativo, il fatto che le avversità prima o poi passano, che le mancanze si colmano, non è un dato innato per il cervello umano. Il neonato sente uno stimolo, magari quello della fame, o del dolore, e piange disperatamente perché non sa cosa sia né che passerà. Tutto passa ma lui non lo può ancora sapere.

Quando la percezione del negativo o della mancanza si accompagna alla certezza che, prima o poi, essa avrà fine, noi chiamiamo questa sensazione «speranza».

Il concetto di speranza segna l'intera storia dell'umanità. Secondo Ernst Bloch essa rappresenta una delle possibili chiavi di lettura della filosofia della storia. Per Jürgen Moltmann la speranza è alla base di qualsiasi atteggiamento religioso umano. La capacità di sperare è intimamente connessa all'evoluzione umana. Se non ci fosse stato il senso di speranza la nostra specie non avrebbe mai imparato a seminare in una stagione e attendere il raccolto per molti mesi; o a imbarcarsi in imprese o nella realizzazione di opere che coprono più di una generazione.

Ma per continuare a sperare, contro ogni evidenza, ci vuole forza.

Molta forza. «Lascia perdere, torna a casa» gli diceva una vocina interna. E anche gran parte delle persone intorno. «Guardati, fatti due conti: hai l'asma. Hai passato da un pezzo la trentina; e non hai mai vinto niente di serio. Sei pure sfortunato. Ma dove vuoi andare? Fattene una ragione, mettici una pietra sopra, torna a casa.»

Giorgio Di Centa però ha avuto la forza di aspettare: ha continuato a sperare, ha sopportato. Ha resistito all'asma che lo tormenta da quando aveva due anni. Ha resistito a un'infinita serie di tanti, troppi, quinti quarti terzi e secondi posti. Ha resistito all'idea della gente che voleva fargli credere di essere solo il fratello piccolo (nel senso di «insignificante»), quello destinato a non vincere mai, della sorella Manuela. Lui resisteva a tutto, continuava a sperare, testa bassa e una carriera sempre dietro a inseguire. Ogni tanto dubitava anche lui. Andava in crisi. Voleva dare ragione alla «vocina». Ma alla fine riprendeva a sperare. Resisteva. Magari sarà domani il giorno buono. E così, avanti.

Poi quel giorno, l'ultimo giorno dell'Olimpiade, quel sospiro sospeso si è finalmente liberato: ed è diventato un urlo di gioia sul rettilineo finale della pista olimpica di Pragelato. Quel giorno, su quel rettifilo, Giorgio ha messo dietro tutti: gli avversari, il passato, l'asma e quello che pensava di lui la gente.

E c'è stato un doppio miracolo, anche se pochi l'hanno notato: il primo è che quest'uomo ha finalmente coronato il sogno, cominciato quando aveva cinque anni, nel modo più bello: davanti al suo pubblico, in Italia. Il secondo è che Giorgio, da sempre serio, modesto e autentico, dopo la vittoria non è cambiato per nulla. È rimasto se stesso, a dispetto del successo e di tutto il resto.

«Al trentesimo chilometro ho capito che saremmo arrivati in vista del traguardo tutti insieme perché solo gli ultimi tre chilometri avrebbero potuto fare selezione» racconta. «E io, in vista della battaglia finale, ho economizzato energie per tutta la gara. Ho dato tutto il mio impegno per arrivare alla volata finale collocato nella testa del gruppo. Ci sono arrivato da terzo. Ho visto scattare davanti a me Bodvinov e Vittoz. Sono partiti e non si sono accorti di aver lasciato un varco aperto a sinistra. Allora sono scattato lungo quella traiettoria. Immediatamente dopo ho avuto la sensazione di aver sbagliato tutto: c'era un leggero controvento e non ero più riparato. Ma mi è uscita fuori tutta la rabbia è ho cominciato a spingere. Lì ho messo tutta la rabbia che avevo accumulato per tutti questi anni. Non ho osato o non ho voluto girarmi per sapere se qualcuno mi stava affiancando: ho usato il boato della folla per capirlo, senza bisogno di perdere una molecola di energia.»

La capacità di sperare a volte è l'unica cosa che ci rimane quando tutto va male. Ma perché un uomo può mantenere la speranza di vincere per ventisette anni, mentre tanti, tantissimi altri che avevano iniziato a sciare con lui si sono già persi? Perché gli insuccessi frantumano alcuni come vasi d'argilla, mentre rendono altri come fossero d'acciaio? Secondo gran parte degli psicologi, l'ottimismo e la capacità di sperare deriva dall'ambiente familiare. Se i genitori danno loro stessi l'esempio di non cedere alla disperazione; e se rassicurano i figli sulle loro capacità e li stimolano di fronte a una difficoltà i bambini tenderanno a crescere ottimisti. Sotto questo aspetto, Giorgio non ha dubbi: «Il mio carattere combattivo» spiega «lo devo senz'altro a mia madre. Vent'anni fa, quando ancora non c'erano le cure che ci sono ora, lei è sopravvissuta a un cancro devastante. Non le è mai mancata la serenità e la forza d'animo. Che continua a non mancarle nemmeno ora». Racconta della nonna, che era «portatrice carnica»: cioè portava con il gerlo le munizioni ai soldati sui passi, durante la guerra. Parla della Carnia, terra severa e bellissima, dove le persone sono abituate alla fatica ma hanno anche un cuore grande. Al papà, maestro di sci e sciatore tuttora in attività, attribuisce «il fisico». Oltre a Manuela, Giorgio ha anche un fratello maggiore, Andrea, che avviato anche lui a una promettente carriera la dovette interrompere ancora giovane per una grave malattia. Nonostante tutto, Andrea, che dal punto di vista professionale ha intrapreso un'altra strada, ha continuato a dedicarsi al fondo attraverso Giorgio: seguendolo, spronandolo, aiutandolo in tutti i modi. Un altro esempio in famiglia di come le difficoltà possano essere superate positivamente. «Eh sì. E anche l'asma è in fondo da ringraziare... mi è 'servita' perché mi ha insegnato lo spirito di sacrificio. Pensa che i primi spray per l'asma sono usciti quando avevo 12 anni. E io sono asmatico dai due anni.»

6.2. L'insostenibile permanenza del negativo

> «L'arte della speranza è la capacità di trovare cause temporanee e specifiche alle avversità.»
>
> Martin Seligman

Esiodo racconta che Epimeteo ricevette da Zeus un vaso con la proibizione di aprirlo. Ma la moglie Pandora non resistette alla curiosità e l'aprì: dal vaso uscirono Fatica, Malattia, Pazzia, Vizio, Passione e Vecchiaia e si diffusero tra i mortali. Ma uscì anche la Speranza per aiutare gli uomini a vivere.

Quando non c'è possibilità immediata di controllare il corso degli eventi, non rimane che la speranza. Lo psichiatra Joel Dimsdale del Massachusetts General Hospital ricercò e intervistò un gran numero di sopravvissuti ai campi di sterminio nazisti. Lo scopo della sua ricerca era quello di scoprire se queste persone fossero sopravvissute in quanto accomunate da uno speciale atteggiamento psicologico, atteggiamento che Dimsdale definì come «cieca e nuda speranza». Le persone sopravvissute apparivano ai test psicologici dotate di una forza di carattere e di un ottimismo molto superiore alla media. Inutile specificare che questo non è stato l'unico fattore a determinare la sopravvivenza dei soggetti: esso però si è rivelato fondamentale.

Da un punto di vista cognitivo la speranza può essere definita come la fiducia nell'impermanenza e nella non universalità del negativo.

Questa definizione richiede una spiegazione. Martin Seligman è uno psicologo che ha dedicato la vita a studiare il pessimismo e l'ottimismo. Per la gente comune pessimismo e ottimismo connotano due caratteristiche di personalità innate e stabili. Bicchiere mezzo vuoto o mezzo pieno. Secondo Seligman invece, pessimisti e ottimisti sono caratterizzati da due stili cognitivi diversi: stili che sono stati appresi dalle figure di riferimento. Questa posizione è molto interessante perché, se uno stile di pensiero è stato appreso, esso può essere cambiato. In altre parole, Seligman sostiene che si possa imparare a diventare ottimisti.[1]

Nel suo modello, la differenza tra ottimisti e pessimisti si esprime attraverso due categorie cognitive: permanenza e pervasività, le due dimensioni su cui si fonda la capacità di speranza individuale. Con il termine «permanenza» Seligman indica il fatto che i pessimisti tendono a concepire le avversità come stabili, durature e costanti. Ciò ha conseguenze comportamentali. Le

[1] Martin Seligman, *Imparare l'ottimismo*, Giunti, Firenze, 1996.

persone che si arrendono facilmente lo fanno perché ritengono che eventi negativi che li colpiscono siano permanenti; che non si potrà fare nulla per modificarli; che questo stato di cose durerà per sempre. Ciò produce impotenza e disperazione. La disperazione può essere definita come l'incapacità di vedere nel futuro la possibilità di risolvere qualsiasi tipo di problema.

Scott Atran dell'Università del Michigan ha passato anni a studiare il profilo psicologico dei kamikaze terroristi:[2] dai suoi studi, come da quelli di Alan Kruger dell'Università di Princeton e di Jitka Maleckowa dell'Università di Praga, emerge che il terrorista suicida non è mai un uomo povero, isolato, psichicamente instabile. Non è l'ignoranza o la povertà a determinare la scelta di morire facendosi esplodere contro il nemico. Al contrario, la predisposizione al martirio sembra crescere parallelamente all'innalzarsi del livello di istruzione e dello status socio-economico. Il fattore determinante sembra invece essere totalmente diverso: sta nel fatto di vivere la propria situazione socio-politica negativa come priva di possibilità di sbocchi, senza prospettive. Negativa in modo permanente, la definirebbe Seligman. Il terrorista kamikaze è convinto che le cose non cambieranno mai, che non valga la pena aspettare, che non ci sia più speranza. Farsi esplodere uccidendo alcuni nemici gli appare come l'unico modo possibile di reagire a una situazione comunque già definita e non modificabile.

Le persone che non si arrendono mai hanno invece imparato a vedere gli eventi negativi come temporanei e limitati. Seligman racconta in uno dei suoi libri di essersi accordato con Nort Thornton, l'allenatore di Matt Biondi, per fare un piccolo esperimento psicologico all'insaputa del nuotatore che vinse cinque medaglie d'oro a Seul. Thornton chiese a Biondi di nuotare al massimo delle sue possibilità i 100 metri farfalla. Biondi realizzò un ottimo 50.2. Tuttavia l'allenatore, d'accordo con Seligman, gli comunicò un tempo ben più alto, 51.7. Biondi ci rimase mol-

[2] Scott Atran, *Genesis of Suicide Terrorism*, in *Science*, 299 (2003), pp. 153-4.

to male. Thornton gli chiese di riprovare. E Biondi migliorò ulteriormente, facendo segnare 50.0. Tutti gli altri membri della squadra, sottoposti allo stesso protocollo, diversamente da Biondi al secondo tentativo peggiorarono. La valutazione cognitiva ottimistica di Biondi gli aveva permesso di vedere il 51.7 come un evento limitato e temporaneo; di conseguenza Matt non ne era stato condizionato negativamente, a differenza dei compagni di squadra.

Seligman definisce l'arte della speranza come «la capacità di trovare cause temporanee e specifiche alle avversità». Dell'importanza della «temporaneità» del negativo abbiamo appena detto. Il riferimento alle «cause specifiche» ci porta invece alla seconda categoria cognitiva capace di fare la differenza tra ottimisti e pessimisti: la pervasività. Qui «pervasivo» è sinonimo di generalizzato, il contrario di «specifico». Il pessimista di fronte a un insuccesso tende a generalizzarlo, a estenderlo da un ambito specifico a tutte le sue qualità. Per esempio dopo una pessima partita a scacchi egli non pensa di sé: «Be', non sono un granché agli scacchi. In compenso sono competitivo in tanti altri campi». Piuttosto, è portato a pensare: «Sono un fallimento! Sono un disastro!» Il pessimista non solo rende il negativo permanente nel tempo, ma lo estende anche a tutte le sue esperienze e a tutte le sue caratteristiche. Se subisce una sconfitta in un campo, tende a ritirarsi in tutte le altre aree della vita.

6.3. La speranza è l'ultima a morire

> «Non vi sono situazioni disperate: vi sono solo coloro che disperano di potercela fare.»
>
> Clare Boothe Luce

Mi aspettavo una persona avvelenata con il mondo. E credo ne avesse tutti i diritti. Pensavo a quel ragazzino di tredici anni che comincia a sentire male a un ginocchio; che fa finta di niente, che aspetta che passi e non passa; che comincia a svegliarsi la notte per il dolore; che viene portato dai genitori al pronto soccorso e viene liquidato velocemente come contaballe; e viene riportato a distanza di giorni una seconda volta, di nuovo frettolosamente liquidato e poi una terza, dove finalmente comincia a essere preso sul serio. Pensavo a questo bambino che viene ricoverato per accertamenti il 5 settembre 1983, e che si aspetta di tornare a casa «prestissimo», magari il giorno dopo, e che invece rimarrà in ospedale tre anni; e ne uscirà amputato di una gamba. Osteosarcoma al ginocchio, il più diffuso tumore maligno all'osso, frequenti metastasi ai polmoni, è la diagnosi. Nel 1983 provocava la morte nel 90% dei casi. Eppure Fabrizio Macchi è sopravvissuto, non solo nel corpo ma anche, e soprattutto, nell'anima. «Incazzato con il mondo?» ribatte di fronte alla mia sorpresa. «Via, non avrebbe senso.» Ha scritto di sé: «Io sono una persona estremamente fortunata: non cambierei niente della mia vita». Tuttavia, la storia di quest'uomo che, con una gamba sola, ha migliorato per quattro volte il record dell'ora di ciclismo su pista, è stato quinto alle paraolimpiadi di Sidney e medaglia di bronzo nell'inseguimento individuale su pista alle parolimpiadi di Atene andrebbe raccontata nelle scuole. O additata come esempio a tutta la gente che vive nell'autocommiserazione, incattivita ad aspettare che il mondo bussi alla propria porta.

La domanda che non mi ha più abbandonato da quando ho conosciuto Fabrizio è: «Come ha fatto?» Non a diventare un grande atleta, a vincere tutto quello che ha vinto. Il «dopo» è, forse, paradossalmente, più agevole da comprendere. Mi chiedo come ha fatto quel ragazzino di tredici anni a sopravvivere a tre anni di ospedalizzazione e a diciassette interventi in un'età così critica. Lui dice che una gran parte del merito va ai suoi genitori che, davanti a lui, non hanno mai ceduto alla disperazione. Che si sono gestiti da soli le loro ansie, senza permettere che nemmeno un frammento ricadesse su di lui. Questo è un elemento importante, anche se non spiega tutto.

Un fattore può essere stato questo: pur non consapevolmente, il piccolo Fabrizio si è sempre rappresentato il proprio calvario come temporaneo. «Ciò che mi ha aiutato, nelle settimane, nei mesi o negli anni che seguirono, è sempre stata la convinzione, inconscia e sicuramente irrazionale, che prima o poi avrei trovato la soluzione. Non ho mai avuto la sensazione, anche quando piano piano mi si è presentato uno scenario di assoluta gravità, che sarei andato incontro a qualcosa di irrisolvibile.» In altre parole Fabrizio non ha mai perso la speranza.

Tutti noi possediamo modelli di speranza o disperazione, spesso configurati sulla base delle vicende accadute alle persone che conosciamo da vicino, o sulla base delle nostre personali convinzioni: aspettative e precedenti esperienze sono i mattoni che utilizziamo per edificare il nostro senso di speranza personale.

Il dottor Groopman, un oncologo che lavora alla Harvard Medical School, racconta di una delle sue prime pazienti, all'inizio della carriera:[3] una giovane ebrea ortodossa che, avendo avuto una relazione extraconiugale, si era convinta che il tumore fosse la giusta punizione divina a cui non avrebbe potuto in alcun modo sottrarsi. Groopman la descrive come «assolutamente priva di speranza», incapace di rappresentarsi qualsiasi destino alternativo a una fine molto rapida. La paziente morì da lì a poco. Per Groopman, la dolorosa constatazione di non aver saputo in alcun modo aiutare la paziente a costruire un senso di speranza rappresenta l'inizio di una ricerca che lo accompagnerà per tutta la carriera.

La letteratura medica presenta molti altri casi dove il legame tra speranza e malattia viene evidenziato in modo eclatante. Uno dei più famosi è quello di Mr. Wright, documentato dal dottor Klopfer.[4] Mr. Wright era affetto da linfoma maligno, un can-

[3] J. Groopman, *Anatomia della speranza,* Vita e pensiero, Milano, 2004.

[4] B. Klopfer, *Psychological Variables in Human Cancer,* in *Journal of Perspective Techniques,* 1957.

cro dei linfonodi. Tutte le cure disponibili erano state tentate, senza successo: i tumori a livello dei linfonodi erano grossi come arance, i polmoni presentavano metastasi e ogni giorno venivano estratti dal suo torace uno o due litri di liquido biancastro. I medici erano rassegnati e ci si preparava all'imminente decesso del paziente. Ma Mr. Wright non era ancora pronto a morire perché non aveva perso la speranza: aveva infatti letto che stava per entrare sperimentalmente in uso in alcuni ospedali un nuovo farmaco anti-cancro: il Krebiozen. Egli era ansioso di provarlo su di sé e si offrì immediatamente come volontario. Inizialmente ci fu resistenza da parte del personale sanitario: le scorte del farmaco, in quanto sperimentale, erano estremamente limitate e andavano riservate ai pazienti con qualche probabilità di sopravvivenza. Ma dietro alle insistenze del paziente i medici cedettero e Mr. Wright venne incluso nel programma che comprendeva tre iniezioni alla settimana. Da lì a poco ricevette la prima iniezione e venne dimesso per il fine settimana. Il personale sanitario si aspettava, viste le sue condizioni, di non rivedere mai più il paziente; si immaginava che sarebbe morto nel corso del weekend. Invece lunedì lo videro arrivare in ospedale con le proprie gambe, di ottimo umore e aspetto. Ma non era solo questione di immagine: i suoi tumori si erano ridotti all'incirca della metà. I miglioramenti proseguirono nei giorni successivi, e a dieci giorni dall'inizio del trattamento Mr. Wright faceva registrare una completa remissione dei sintomi. Era praticamente guarito del tutto. Passarono circa due mesi e all'ospedale nessuno aveva più rivisto Mr. Wright se non per qualche controllo. Improvvisamente cominciarono a uscire sulla stampa articoli che illustravano i risultati della sperimentazione con il Krebiozen: il farmaco era totalmente inefficace. Pochi giorni dopo aver letto queste notizie, Mr. Wright ebbe una ricaduta molto violenta e dovette essere nuovamente ricoverato. I medici però si erano resi conto che le oscillazioni della sua malattia erano in qualche modo legate al suo stato psicologico e decisero di tentare una carta disperata: informarono il paziente che erano in possesso di una nuova versione potenziata del Krebiozen e si offrirono di somministrargliela. Il paziente accettò entusiasticamente e, nel corso di un cerimoniale medico molto pomposo atto ad aumentare le sue attese, gli somministrarono dell'innocua acqua sterile. Ancora una volta si assistette a un miglioramento straordinario, con totale regressione della sintomatologia e immediate dimissioni. Mr. Wright visse ancora due mesi lontano dall'ospedale. Poi l'American Medical Association pubblicò un annuncio su diversi quotidiani dove si informava il pubblico della totale inutilità ai fini terapeutici del Krebiozen. Si dovette ricoverare immediatamente Mr. Wright: il corpo si era nuovamente riempito di tumori. Il paziente morì due giorni dopo.

Negli ultimi anni sono stati pubblicati numerosi studi e ricerche che dimostrano l'esistenza di una forte correlazione tra speranza da una parte, e salute fisica del paziente dall'altra. Il filone più importante di questi studi prende origine dalle ricerche sull'«effetto placebo». In senso strettamente tecnico, con questo termine si definisce la possibilità, da parte di sostanze inerti, di provocare cambiamenti fisiologici documentabili nell'organismo. Le gocce d'acqua fresca o lo zuccherino, spacciato per farmaco, possono ottenere un effetto tangibile, per esempio il miglioramento di un sintomo. Nel caso di Mr. Wright, la somministrazione di acqua sterile spacciata come versione potenziata del Krebiozen rappresenta esattamente l'uso di un placebo. Le nostre credenze orientano la risposta dell'organismo. Si è sempre sbrigativamente liquidato tutto ciò come «frutto della suggestione». Però uno studio pubblicato dai ricercatori dell'Università del Michigan ha definitivamente dimostrato che l'effetto antidolorifico del placebo non è un fatto di semplice suggestione. La ricerca ha finalmente dimostrato, grazie all'uso della tomografia a emissione di positroni, quello che da tempo si sospettava: che i placebo diminuiscono «oggettivamente» il dolore perché incrementano il rilascio di endorfine. Dunque quello che pensa il nostro cervello – ancora una volta la valutazione cognitiva – condiziona la risposta fisiologica. Se pensa: «questo mi farà bene», oppure «questo mi farà andare più forte» favorirà delle risposte organiche positive. E viceversa.

Numerosi studi rilevano l'esistenza di connessioni funzionali tra sistema nervoso e sistema immunitario. Per esempio in alcuni esperimenti con animali, la lesione sperimentale del sistema libico provocava un aumento delle cellule del timo e un incremento nella risposta proliferativa di linfociti T.[5] Poiché il sistema libico è coinvolto nella creazione di risposte emozionali agli eventi, questi studi suggeriscono un legame diretto tra emozioni e funzionamento del sistema immunitario.

In fondo lo sapeva anche Shakespeare quando nell'*Amleto* scriveva: «Non c'è nulla di buono o di cattivo al mondo che il pensarlo in un certo modo non lo renda subito tale» (*Amleto*, II, 2). Ma così come esiste l'effetto placebo esiste anche il suo opposto, il cosiddetto «effetto nocebo»: cioè l'effetto sull'organismo di convinzioni e suggestioni negative. L'esempio limite dell'effetto nocebo può essere rinvenuto nelle morti vudù o in fenomeni analoghi documentati presso gli aborigeni australiani o i maori della Nuova Zelanda: in questi casi, individui perfettamente sani dal punto di vista clinico, se convinti di avere infranto un sacro tabù, muoiono nel giro di poche ore.

Un caso del genere fu documentato con precisione nel 1925 dal dottor Herbert Basedow: un aborigeno, convinto di aver ricevuto un maleficio, morì nel giro di qualche minuto. Alcune autopsie eseguite su casi analoghi rivelano che la causa della morte potrebbe essere la cosiddetta «degenerazione miofibrillare», dovuta a un'eccessiva secrezione di norepinefrina, un ormone che produciamo per fronteggiare situazioni di acuto pericolo. In un certo senso il killer di queste persone sarebbe un'intensissima paura: un pericolo immaginato nel cervello giunge, attraverso una cascata di neuropetidi, fino al cuore, e lo «scardina».

In fondo si tratta di casi più spettacolari ma analoghi a quello

[5] W.H. Brooks, R.J. Cross, T.L. Roszman e W.R. Markesbery, *Annuals of Neurology*, 1982, 12-56.

della paziente del dottor Groopman convinta di dover morire per il suo comportamento «immorale». Ma perché gli studi sull'effetto placebo sono importanti per comprendere l'effetto della speranza sulla salute? Perché l'effetto placebo sfrutta le stesse basi cognitive che costituiscono il senso di speranza: l'insieme di attese, desideri e convinzioni della persona. Se nel soggetto, grazie a un placebo, viene creata un'aspettativa, si producono realmente nel suo cervello dei cambiamenti a livello biochimico: è il caso, per esempio, dell'incremento a livello di endorfine cerebrali registrato nello studio dell'Università del Michigan menzionato sopra. Il sentimento che chiamiamo «speranza» non è altro che l'assemblaggio a livello cognitivo di una serie più complessa di attese simili ai «placebo». Pensiamoci bene: in fondo, l'arte della speranza consiste nell'attitudine a rappresentarsi gli eventi negativi e le difficoltà come limitate e temporanee. Cioè a «vedere» l'assenza di controllo sugli eventi come non definitiva: ma come cessazione passeggera di padronanza. Ciò significa ricreare un'attesa, quella del ritorno del controllo. Credo che questa aspettativa muova circuiti cerebrali complessi e finisca per mobilitare il sistema immunitario. Lo credo in base all'evidenza di un grandissimo numero di ricerche che lo sostengono. Sono stato colpito molto soprattutto dallo studio di Madelon Visintainer sui topi esposti alle cellule tumorali: i «famosi» topi di Visintainer.[6] Cellule tumorali iniettate a topi che avevano sperimentato a lungo esperienze di mancanza di controllo producevano tumori con una frequenza doppia rispetto a quelli che invece erano stati esposti a situazioni di padronanza. Esperienze di mancanza di controllo fanno registrare nell'animale un indebolimento nel sistema immunitario sotto forma di un abbassamento significativo nella concentrazione di linfociti T-helper, cioè delle cellule deputate alla produzione di anticorpi, e nell'attività delle cellule NK (natural killer), le cellule che attaccano

[6] M. Visintainer et al., *Tumor Rejection in Rats After Inescapable or Escapable Shock*, in *Science*, 216 (1982), pp. 437-9.

e distruggono le cellule tumorali e quelle infettate da virus. Oggi però abbiamo prove inconfutabili anche della situazione opposta: stati mentali positivi possono produrre un aumento nell'efficienza della risposta immunitaria. Wiedenfeld e i suoi colleghi,[7] per esempio, hanno dimostrato che un accresciuto senso di controllo in situazioni che prima erano temute comporta un significativo aumento nella produzione dei linfociti, delle cellule T totali, dei T-helper e così via, cioè di una serie di parametri legati all'efficienza del sistema immunitario.

[7] S.A. Wiedenfeld et al., *Impact of Perceived Self-Efficacy in Coping With Stressor, on the Immune System*, in *Journal of Personality and Social Psychology*, 59 (1990), pp. 1082-1094.

Punti chiave

- La capacità di speranza individuale si basa su due categorie cognitive, le stesse che differenziano tra loro ottimisti e pessimisti. Pessimisti e ottimisti sono infatti caratterizzati da due stili cognitivi diversi: stili che sono stati appresi dalle figure di riferimento. Ciò è molto interessante perché se uno stile di pensiero è stato appreso, esso può essere cambiato. In altre parole, possiamo imparare a diventare ottimisti.
- Con il termine «permanenza» si intende il fatto che i pessimisti tendano a concepire le avversità come stabili, durature e costanti. Ciò ha conseguenze comportamentali. Le persone che si arrendono facilmente lo fanno perché ritengono che eventi negativi che li colpiscono siano permanenti; che non si potrà fare nulla per modificarli; che questo stato di cose durerà per sempre.
- «Pervasivo» è sinonimo di generalizzato, il contrario di «specifico». Il pessimista di fronte a un insuccesso tende a generalizzarlo, a estenderlo da un ambito specifico a tutte le sue qualità. Per esempio dopo una pessima partita a scacchi egli non pensa di sé: «Be', non sono un granché agli scacchi. In compenso sono competitivo in tanti altri campi». Piuttosto è portato a pensare: «Sono un fallimento! Sono un disastro!» Il pessimista non solo rende il negativo permanente nel tempo, ma lo estende anche a tutte le sue esperienze e a tutte le sue caratteristiche. Se subisce una sconfitta in un campo, tende a ritirarsi in tutte le altre aree della vita.

- **La letteratura medica presenta molti altri casi dove il legame tra speranza e malattia viene evidenziato in modo eclatante. Negli ultimi anni sono stati pubblicati numerosi studi e ricerche che dimostrano l'esistenza di una forte correlazione tra speranza da una parte, e salute fisica del paziente dall'altra. Il filone più importante di questi studi prende origine dalle ricerche sull'«effetto placebo». Le nostre credenze orientano la risposta dell'organismo. Numerosi studi evidenziano l'esistenza di connessioni funzionali tra sistema nervoso e sistema immunitario.**

- **Ma perché gli studi sul placebo sono importanti per comprendere l'effetto della speranza sulla salute? Perché l'effetto placebo sfrutta le stesse basi cognitive che costituiscono il senso di speranza: l'insieme di attese, desideri e convinzioni della persona.**

Capitolo sette

Come aumentare la propria (e l'altrui) resilienza

«È sciocco chiedere agli dei ciò che uno può procurarsi da solo.»
Epicuro, 300 a.c. circa

7.1. Livelli di intervento: «micro» e «macro»

Per il lettore che ha resistito fin qui, presenterò l'aspetto pratico e concreto del come divenire più resilienti. Nei precedenti capitoli abbiamo stabilito che la resilienza personale è frutto in gran parte della nostra struttura cognitiva, cioè di come vediamo e interpretiamo noi stessi e gli eventi. Abbiamo anche verificato che la nostra valutazione della realtà si fonda su un sistema di credenze (spesso distorte) che tende ad autoperpetuarsi e autoconfermarsi. Se noi vediamo noi stessi come perdenti o come vittime, è molto probabile che finiremo per realizzare queste credenze.

È la nostra struttura cognitiva a determinare in gran parte:

- la nostra resilienza e la nostra capacità di gestire lo stress;
- l'efficacia o inefficacia nel raggiungere i nostri obiettivi;
- l'adeguatezza o inadeguatezza delle nostre risposta emozionali e fisiologiche agli stressor.

In base a ciò, un programma di miglioramento della resilienza individuale deve perseguire tre obiettivi:

- identificare e modificare le modalità distorte o disfunzionali di valutazione cognitiva;
- aumentare il senso di controllo e di autoefficacia personale;
- migliorare la regolazione del rapporto tra il piano cognitivo (cioè i nostri pensieri) e quello fisiologico.

Un simile modello di intervento si basa su una serie di evidenze scientifiche circa l'incessante rapporto tra mente e corpo. Abbiamo precedentemente accennato alla fondamentale scoperta dei «neurotrasmettitori ubiquitari» (1989) da parte di Edwin Blalock. Basandosi sulle ricerche di Candace Pert e il premio Nobel Solomon Snyder, Blalock scoprì che i recettori esistenti a livello cerebrale erano replicati anche a livello d'organo.[1]

Ciò è straordinariamente importante perché è in grado di spiegare concretamente come avvenga la comunicazione tra il cervello e il resto dell'organismo, e perché mostra in che modo, a livello pratico, la struttura cognitiva, le credenze, le valutazioni possano influenzare il funzionamento corporeo: gli stati d'animo e le emozioni legate ai pensieri veicolano neurotrasmettitori che a loro volta modificano il corpo. Per esempio, se l'atleta concepisce un obiettivo come impossibile, anche il suo corpo si adegua alla situazione. Tenterà l'obiettivo, ma gli ormoni della paura ne limiteranno il funzionamento.

Al campo base dell'Everest ho avuto modo di constatare uno dei casi più eclatanti di questa influenza: lì conobbi una guida neozelandese, un tipo «rambesco», estremamente forte fisicamente. Al campo base presentava un'ottima saturazione dell'emoglobina e uno stato di salute del tutto soddisfacente. Eppure, quando decideva di «varcare veramente la soglia», di lasciare il campo base per avvicinarsi davvero alla montagna, il corpo si ribellava, faceva i capricci, puntava i piedi: attacchi di una tosse tanto ribelle quanto inspiegabile, uniti ad accessi di vomito, lo

[1] Un'ottima introduzione a queste ricerche è rappresentato dal libro di Candace Pert, *Molecole di emozioni*, Milano, Corbaccio, 2000.

tenevano bloccato al campo. In questo caso la valutazione cognitiva («la montagna è un pericolo mortale») condizionava in maniera determinante il funzionamento fisiologico.

Un altro principio delle neuroscienze su cui deve basarsi un programma per l'aumento della resilienza personale è quello della neuroplasticità. Fino a dieci anni fa era un dogma scientifico il fatto di ritenere che il cervello contenesse tutti i neuroni dalla nascita, e che nessun stimolo ambientale potesse modificare questo fatto. Oggi il dogma è caduto: il principio della neuroplasticità, definitivamente accettato dal mondo scientifico, insegna che il cervello si adatta continuamente alle sollecitazioni e alle esperienze, creando – se stimolato – nuovi neuroni e nuovi collegamenti fino alla morte dell'individuo stesso. Un celebre esperimento[2] ha sottoposto a risonanza magnetica un gruppo di taxisti londinesi: ne è risultato che gli autisti con maggiore anzianità di lavoro presentavano uno sviluppo significativamente maggiore dei novizi nell'area ippocampale posteriore destra, una zona chiave del cervello per quanto riguarda l'orientamento e la memoria spaziale. Ciò dimostra – come è stato confermato da numerosi altri studi che prendevano in esame altre competenze – che il cervello tende ad adattarsi funzionalmente ai compiti e agli stimoli che l'ambiente gli richiede.

Tutto ciò, applicato alla resilienza significa questo: se ci sforziamo di cambiare la nostra valutazione cognitiva del mondo per adottarne una più funzionale e meno distorta, anche il nostro cervello dopo un po' di tempo si modificherà in modo tale da rendere permanenti i cambiamenti. Che ciò avvenga realmente è dimostrato da una serie di ricerche[3] effettuate con persone che meditano regolarmente: alcune settimane di pratica

[2] E.A. Maguire et al., *Navigation-related Structural Change in the Hippocamp of Taxi Drivers*, in *Proceedings of the National Academy of Sciences* 97 (2000), 4398-4403.

[3] A. Lutz, L. Greischar, N.B. Rawlings, M. Ricard, R. Davidson, R. J. (2004). *Long-term meditators self-induce high-amplitude gamma synchrony during mental practice*, in *Proceedings of the National Academy of Sciences*, 101, 16369-16373.

meditativa intensa comportano dei cambiamenti strutturali del cervello misurabili.

Per perseguire i tre obiettivi sopra descritti, ho collaudato e utilizzato due tipi di programmi di miglioramento della resilienza personale.

Il primo, RESILIENTraining™ è un programma di gestione dello stress e sviluppo della resilienza personale focalizzato soprattutto sul potenziamento del filtro cognitivo e che, per far accrescere il senso di controllo personale, utilizza obiettivi reali, in particolare quelli legati all'attività fisica. Esso si rivolge a un target molto vario, dalle persone genericamente in cerca di benessere ai manger (si veda l'Appendice).

Il secondo programma, ULTRAMIND™ è rivolto specificamente a migliorare resilienza e prestazione negli sportivi delle discipline di endurance; prende il nome da un programma che presentai nel 1998 per gli atleti della squadra nazionale di Ultramaratona (da qui «Ultra») e che fu pubblicato a puntate sul mensile *Correre*.

Per ottenere gli obiettivi stabiliti, i programmi utilizzano i seguenti strumenti:

- metodologie per cambiare la valutazione cognitiva degli eventi (tipo la tecnica ABCDE inventata dal terapeuta statunitense Albert Ellis e di cui parleremo fra poco);
- metodologie per aumentare il senso di controllo personale attraverso l'utilizzo di obiettivi reali (tipo tecnica degli obiettivi prestazionali);
- meditazione e training sulle capacità attentive;
- strumenti nutrizionali che migliorano l'efficienza mentale.

I programmi inoltre prevedono delle valutazioni di tipo psicofisiologico e psicologico in ingresso e durante il training.

Nei prossimi paragrafi illustrerò come ognuno può applicare e utilizzare i vari strumenti che ho citato. Infine, permettetemi un'ultima raccomandazione: non va dimenticato che la resilienza è una disciplina, cioè qualcosa che si ottiene in cambio di impegno e dedizione. Non ci sono scorciatoie. Nessun mezzo, nessuno strumento è miracoloso e assicura risultati senza applicazione. Purtroppo non si diventa più resilienti da un giorno all'altro, senza fatica, magari con una bella passeggiata sui carboni ardenti o delegando le scelte della nostra vita al guru di turno.

7.2. Cambiare la valutazione cognitiva

«Sii tu stesso il cambiamento che vuoi vedere nel mondo.»

Gandhi

Noi siamo i diretti responsabili di gran parte dello stress che ci affligge. Non che non esistano eventi oggettivamente stressanti: catastrofi naturali, malattie, povertà, guerre, ingiustizie e vari prodotti della malvagità umana. Ma è altrettanto vero che il nostro modo di interpretare i fatti, di valutare gli eventi – che è spesso distorto, errato, incompleto – non solo aumenta la sofferenza; ma a volte la crea addirittura dove non esisterebbe di per sé.

La nostra valutazione degli eventi è spesso falsata, lontana dalla realtà, inefficace: come conseguenza produciamo reazioni inutili e inadeguate sul piano emozionale, in chiave comportamentale e dal punto di vista delle risposte fisiologiche.

Ma perchè «falsiamo» la nostra valutazione cognitiva? Come è possibile ingannarsi da soli, oltretutto per andare incontro a maggiori sofferenze sul lungo termine? Lo abbiamo già discusso nel capitolo 2. Probabilmente il nostro cervello è «progettato» per privilegiare altri obiettivi rispetto a quello di rimanere pienamente in contatto con la realtà. È probabile che una delle priorità riguardi la salvaguardia dell'ego: per esempio, autoconvincersi che un obiettivo è irraggiungibile può servirci per evitare di esporsi o di rischiare di fallire. L'ego e l'auto-stima su cui si fonda (in modo forse troppo grossolano) la nostra identità personale sembrano avere più importanza della rinuncia a un obiettivo desiderato.

È altrettanto probabile che pensare che il mondo ce l'abbia con noi possa proteggerci dal fare fatica, dal doverci impegnare. Oppure, nel caso di atleti, infortunarsi o non presentarsi alle gare permette di preservare un'immagine idealizzata di sé stessi. E ancora: non riuscire a trovare nessun aspetto positivo in un cambiamento comporta il vantaggio secondario dell'autocommiserazione. A volte la nostra valutazione cognitiva è falsata per ignoranza, perché non conosciamo i fatti, o perché siamo condizionati da qualche paura.

I buddisti sostengono che alla base di ogni errata comprensione del mondo c'è l'attaccamento, l'illusione che l'impermanenza dell'universo non ci riguardi: o meglio, il tentativo di credere che l'ego sia reale e possa salvarsi dall'impermanenza. Personalmente credo che chi ha scritto gli antichi testi buddisti fosse un ottimo psicologo, nel senso di ottimo conoscitore della natura umana.

Senza pretendere di poter sradicare tutti i condizionamenti insiti dentro di noi, credo che qualche modesta modifica alla propria valutazione cognitiva, in senso positivo, sia alla nostra portata. Un primo passo è quello di diventare consapevoli di come sia fatto il nostro sistema di convinzioni. Per fare ciò, personalmente utilizzo strumenti come test o interviste strutturate; ma, per un'autoanalisi, è spesso sufficiente compiere alcune sincere osservazioni sul proprio modo di funzionare. Per esempio:

- di fronte a un problema tendo a concentrarmi sulle possibili soluzioni concrete o preferisco occuparmi esclusivamente della «manutenzione» del disagio emotivo che esso mi procura?
- Leggo il raggiungimento di un obiettivo come frutto dell'impegno oppure della fortuna, dell'aiuto esterno o delle mie capacità innate?

- E in caso di insuccesso che tipo di «lettura» effettuo delle cause?
- Intraprendendo una qualsiasi attività, la mia attenzione tende più facilmente a focalizzarsi sulla realizzazione del compito o piuttosto sugli aspetti negativi dell'esperienza?
- Tendo a sviluppare aspettative adeguate alla realtà o piuttosto irrealistiche?
- Di fronte a una difficoltà, tendo ad affrontarla o a evitarla? Se non riesco a risolverla, tendo ad accettarla o a scappare dalla situazione?
- Le emozioni negative, o i sintomi fisici attirano in modo massiccio la mia attenzione o riesco a ignorarli e a concentrarmi sul compito o su quello che devo fare?
- Di solito tendo a vedere gli eventi negativi come permanenti e irrisolvibili o riesco a dare una «lettura» in termini di transitorietà?

Un ottimo strumento per analizzare il nostro personale stile di risposta agli eventi negativi (e per identificare e cambiare i modi di pensare disfunzionali) è la tecnica ABCDE.

Il presupposto su cui si basa la tecnica dovrebbe essere ormai noto al lettore: il nostro comportamento e le nostre reazioni agli eventi non sono determinate in maniera lineare dai fatti in sé, ma dalla nostra valutazione di essi.

La tecnica ABCDE esprime questo stesso punto di vista dicendo che C non è determinato in maniera automatica da A, ma che esso dipende soprattutto da B; dove A sta per *Adversity*: cioè la difficoltà, l'evento negativo; B indica *Beliefs*, ossia le credenze del soggetto, e corrisponde in tutto e per tutto a quello che abbiamo definito «valutazione cognitiva»; C sono le *Consequences*, cioè le conseguenze in termini di comportamento, risposta emozionale e fisiologica (figura 2)

In altri termini, il modello ABCDE si basa sul principio a cui abbiamo dedicato il capitolo 2: i nostri comportamenti e le nostre emozioni sono quasi sempre risultato di un evento sommato a

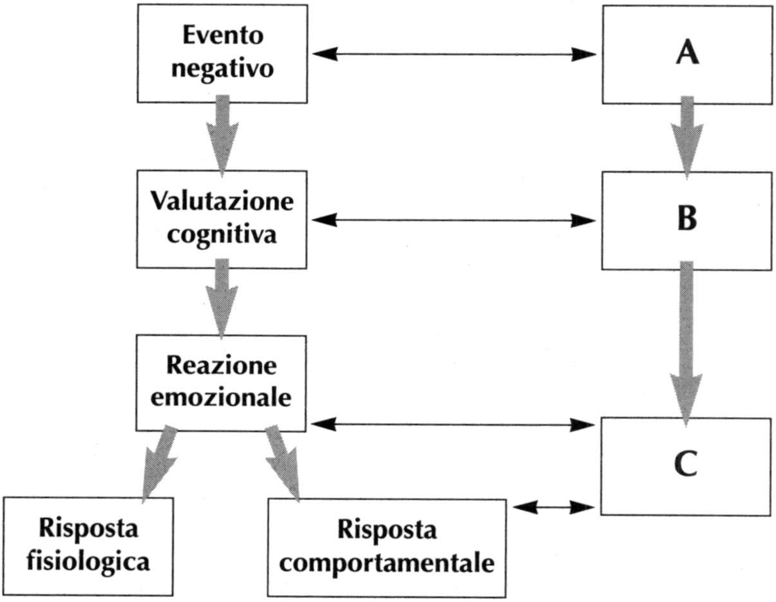

una interpretazione. Reagiamo alla nostra interpretazione di un evento attraverso comportamento, emozione e una serie di risposte fisiche (riassumiamo questi tre tipi di reazioni sotto la risposta C). Tuttavia siamo quasi sempre inconsapevoli che esista B, un pensiero che collega l'evento A alla risposta C. Le nostre emozioni e i nostri comportamenti sono legati agli eventi che ci accadono, ma il nesso è molto più debole di quanto si creda: esso è infatti mediato da B, cioè dal nostro filtro cognitivo, dalla nostra interpretazione degli eventi.

Per illustrare il legame tra la nostra reazione e l'interpretazione dei fatti che sta a monte, nei corsi faccio spesso questo esempio, chiedendo poi ai partecipanti qual è la loro reazione.

«State camminando per strada, e sul marciapiede opposto vedete qualcuno che conoscete. Sorridete e agitate il braccio. Ma quella persona non sembra proprio accorgersene e continua nel suo cammino».[4]

Le reazioni sono quasi sempre di rabbia, delusione e frustrazione. Eccone alcune:

«Mi arrabbierei perché ha voluto ignorarmi.»
«Oh, be', se vuoi fare il presuntuoso, fai pure il presuntuoso.»
«Bene, se è questo che senti, chi se ne frega.»
«Non interesso a nessuno.»
«Mi sento veramente isolato.»

Tutte queste reazioni si basano su un'interpretazione dell'evento che presuppone la volontarietà da parte dell'altro. L'evento A provoca rabbia ed ostilità perché viene interpretato attraverso la convinzione B che l'amico «non voglia vederci», che ci rifiuti. Tuttavia se B viene cambiato, se ai partecipanti viene fornita un'altra interpretazione – ossia l'amico non ha salutato perché non vi ha visto in quanto assorbito dalle sue preoccupazioni per un grave problema personale – la reazione sarà molto diversa: i partecipanti riferiranno di provare dispiacere, non rabbia, nei confronti dell'amico.

La risposta C allo stesso evento A diventa chiaramente diversa a seconda dell'interpretazione (B) che viene fornita. **Questo esempio ci mostra come i pensieri non siano semplici reazioni agli eventi. Essi cambiano il corso stesso degli eventi.** Si noti, per inciso, che ogni volta che lavoriamo per cambiare B facciamo quell'operazione che nel capitolo 5 abbiamo definito «ristrutturazione cognitiva». Come abbiamo già visto, alcuni tipi di B consentono di reagire in modo adeguato alle difficoltà e permettono di raggiungere i propri obiettivi. Altri approcci rendono più vulnerabili allo stress e impediscono di raggiungere i propri traguardi. Lo stesso Ellis, padre di questa tecnica e teorico della co-

[4] Tratta da: Z.V. Segale et al., *Mindfulness-Based Cognitive Therapy for Depression*, Guildford Press, New York, 2002.

siddetta terapia RET (Rational Emotive Therapy) era solito suddividere i B in razionali e irrazionali.

D'accordo, e allora cosa rappresentano le lettere D e E?

D (*Discussion*) sta per messa in discussione delle convinzioni irrazionali, un passo fondamentale della tecnica ABCDE; E (*Effects*) indica gli effetti derivanti dalla messa in discussione delle credenze sbagliate: in un certo senso potremmo indicarla, per usare il linguaggio di questo libro, come la nuova valutazione cognitiva, il nuovo modo più efficace e realistico di vedere gli eventi.

La tecnica ABCDE come va utilizzata? Qual è la sua utilità reale? Credo che questa tecnica aiuti, al pari della meditazione, a diventare consapevoli di come reagiamo agli eventi. A differenza della meditazione, di cui parleremo più avanti, e con cui può integrarsi in modo molto proficuo, l'ABCDE si occupa prevalentemente della nostra valutazione cognitiva. L'obiettivo a lungo termine di chi usa questa tecnica dovrebbe perciò essere quello di interiorizzarla, in modo da poterla utilizzare per rendere più equilibrata e resiliente la propria valutazione cognitiva.

Ellis consiglia addirittura all'inizio di «mettere nero su bianco». Sul lato sinistro di un foglio scriviamo quello che pensiamo sia stato l'evento attivante (A); e sul lato destro i sintomi di disagio (C) che riteniamo siano stati causati da A.

Per esempio un atleta potrebbe ritenere che «la gara andata male» sia stato l'evento attivante e che i sentimenti di sentirsi inetto, incapace, senza futuro nello sport – oltre alla tentazione di abbandonare concretamente la pratica sportiva – rappresentino il C. Dunque nella testa dell'atleta esiste un collegamento tra un evento A e il disagio emotivo (C) che sta provando e che potrebbe perfino provocare l'abbandono dell'attività. Ma potremmo proporre all'atleta di individuare le convinzioni che in modo nascosto collegano A con C; e poi di metterle in discussione.

Alcune di queste convinzioni potrebbero per esempio essere le seguenti:

- «se una gara va male, allora l'atleta è un inetto e un incapace». Il che presuppone: «tutte le gare devono andare benissimo»;
- «un fallimento preclude un intero futuro sportivo». Il che, a sua volta, presuppone: «non si deve mai fallire», principio illusorio del tutto contrario a quanto esposto nel capitolo 5;
- e a livello personale: «devo sempre essere vincente».

In realtà le convinzioni irrazionali elencate sopra possono essere facilmente messe in discussione: chi ha detto che le gare debbano per qualche inesorabile legge cosmica andarmi tutte benissimo? Chi ha detto che un fallimento preclude un futuro nello sport? E se fosse il contrario? Se la sconfitta mostrasse invece la strada per migliorare a chi è capace di vederla? E dove sta scritto che devi essere sempre vincente? Credi che questo sia realistico? E perché perdere ogni tanto ti fa così tanta paura?

Come vedete lo stato emotivo di disagio e il comportamento autolesionistico non sono causati direttamente dall'evento, ma dalla sua interpretazione. Con un'interpretazione diversa, le conseguenze possono essere totalmente differenti. Ellis propone di mettere tutto per iscritto, anche la discussione delle convinzioni. E perfino le nuove convinzioni efficaci e razionali (E) a cui si giunge dopo la fase D. Per esempio, nel caso che abbiamo immaginato, una E può essere: «certo, preferirei poter vincere tutte le volte, ma se anche ciò non avviene posso cercare di usare gli insuccessi per imparare qualcosa sui miei punti deboli, in modo da essere più forte la volta successiva».

È interessante notare come, cambiando il filtro cognitivo, il livello stesso di stress cambi radicalmente: una persona con questo tipo di valutazione cognitiva proverà senz'altro meno emozioni negative e reazioni fisiche di stress dell'atleta dell'esempio iniziale.

7.3. Meditazione: un ponte tra cognitivo e fisiologico

«La meditazione non è per i pavidi.»
Jon Kabat-Zinn

«Il nostro interesse per la realtà è straordinariamente scarso.»
Charlotte Joko Beck

La pratica meditativa presenta un duplice vantaggio: al pari della tecnica ABCDE aiuta a depurare la valutazione cognitiva da una serie di errori e distorsioni; ma allo stesso tempo facilita la gestione delle reazioni fisiche allo stress. È facilmente prevedibile che il termine «meditazione» renda diffidenti parecchie persone. La nostra cultura è piena di pregiudizi e di idee non corrette su cosa sia la meditazione e sulla sua reale utilità.

Nel contesto di questo libro, parlare di «meditazione» non significa aspirare a importare uno stile di vita New Age e impiantarlo come un corpo estraneo nella nostra esistenza; né equivale a vagheggiare civiltà e culture lontane nel tempo e nello spazio. Il termine «meditazione» è inflazionato e carico di significati e immagini. In questo contesto però, ha un significato preciso: qui il termine indica una modalità di funzionamento mentale basata sul controllo dell'attenzione che ha **forti ripercussioni sia di tipo cognitivo sia di tipo fisiologico.** Se guardiamo alle culture dell'Oriente non è dunque per scimmiottarne gli aspetti folkloristici ma in quanto banco di prova millenario di queste esperienze. Jon Kabat-Zinn, forse il più importante divulgatore in Occidente delle tecniche di meditazione, fondatore e direttore della Clinica per la riduzione dello stress presso l'Università del Massachusetts, definisce «meditazione» «la pratica di mantenere desta l'attenzione momento per momento».[5] E Daniel Goleman,[6] un

[5] J. Kabat-Zinn, *Dovunque tu vada ci sei già*, Corbaccio, Milano, 1997; e Id., *Riprendere i sensi*, Corbaccio, Milano, 2003.

[6] Daniel Goleman, *La forza della meditazione*, Rizzoli, Milano, 1997.

altro eminente scienziato con alle spalle una lunga pratica personale dichiara: «la meditazione è, nell'essenza, lo sforzo di riaddestrare l'attenzione».

Volendo fare ulteriore chiarezza sui significati del termine, ecco perciò cosa NON è la meditazione:

- Non è una pratica mistica, sebbene storicamente si sia sviluppata in contesti religiosi, particolarmente in quello buddista. Non dobbiamo dimenticare però che la dottrina buddista non è soltanto un insieme di riti e cerimonie apparentemente esotiche, ma anche uno studio estremamente sofisticato e millenario del funzionamento mentale.
- Non è una forma di passività o di vita contemplativa ma, al contrario, qualcosa che si può applicare al cuore dell'azione. Anche se, spesso malauguratamente, il fatto di meditare viene associato a una «fuga dal mondo».
- Non è un altro termine per «rilassamento». La meditazione a volte può procurare sensazioni di benessere e di distensione. Ma questo non è il suo scopo primario. Poiché comporta il fatto di accettare di essere consapevoli di tutti gli stati d'animo che viviamo, può anche voler dire vivere sensazioni di disagio e di ansia. Essa non si focalizza sui contenuti, ma sulla consapevolezza dei contenuti.
- Non è semplicemente una tecnica per potenziare l'attenzione, sebbene la sua pratica sia focalizzata sull'uso dell'attenzione e abbia come effetto un notevole sviluppo delle capacità attentive.
- Non è una tecnica di «ristrutturazione cognitiva» (si veda il capitolo 5), sebbene la sua pratica consenta spesso di ripensare il significato delle situazioni.
- Non è una tecnica di problem-solving, anche se la sua pratica consente spesso di trovare soluzioni adeguate a problemi reali.

Cos'è allora la meditazione nella sua essenza? Perché la meditazione rappresenta un mezzo per aumentare la resilienza personale? Cosa rimane dunque di essa una volta che è stata depurata dagli aspetti mistici e religiosi? Rimane **l'insegnamento del non reagire ai contenuti della mente come fossero realtà.** Noi tendiamo a confondere i nostri pensieri sulla realtà con la realtà stessa. Per usare il linguaggio di questo libro, tendiamo a confondere la valutazione cognitiva del mondo con il mondo reale. Nel linguaggio della tecnica ABCDE, noi tendiamo a confondere tra loro A e B. La grande maggioranza dei nostri pensieri durante la nostra vita consiste in sogni a occhi aperti, giudizi, opinioni, ricordi, desideri, fantasticherie. Come abbiamo già sottolineato infinite volte nei capitoli precedenti, noi non abbiamo una percezione diretta e oggettiva del reale. Crediamo che i pensieri nascano in reazione agli eventi reali, ma spesso sono legati a questi ultimi solo in modo indiretto e distorto. Alla luce del concetto di «valutazione cognitiva», questo fatto dovrebbe apparire ovvio.

C'è un insegnamento nella tradizione buddista chiamato «uomo delle due frecce». Un uomo viene ferito da una freccia; a questo punto, invece di agire per capire cosa fare per salvare la propria vita, egli comincia a maledire il mondo, a lamentarsi della propria sfortuna, a imprecare. Dice il Buddismo che, in questo modo, egli viene così colpito da due frecce: la prima, produce la sofferenza reale. Ma la seconda è legata a una sofferenza che l'uomo si è autoinflitto. Occorre **comprendere che i pensieri sono solo pensieri, mentre la nostra reazione si basa invece sul convincimento che essi siano la Realtà con la R maiuscola.** Meditando ci si accorge che i pensieri vanno e vengono, **ma spesso noi reagiamo a essi emotivamente e attuando comportamenti e azioni.**

Neutralizzando la reazione, «distanziandoci» o «decentrandoci» per usare il linguaggio della *Mindfulness* (la tecnica derivata da Kabat-Zinn, e di cui parleremo più avanti), anche il pensiero finisce per dissolversi. Questo succede soprattutto per i pensieri e gli stati d'animo negativi: in genere siamo poco capaci di affrontarli. La nostra modalità abituale di reazione nei loro confronti è duplice. Sul piano comportamentale reagiamo distraendoci e intraprendendo un'altra azione che ci permette di «coprire» il disagio: fare una telefonata, aprire il frigo, leggere il giornale, stuzzicare il collega, accendere la tv. Troviamo faticoso prestare attenzione a ciò che non è piacevole. Cerchiamo di proteggerci da troppa realtà. Come dice Charlotte Joko Beck, «momento per momento siamo chiamati a decidere tra il mondo meraviglioso dentro la nostra testa e la realtà». Possiamo decidere di passare la nostra vita a sognare, oppure decidere di stare con ciò che è qui-e-ora, qualunque cosa sia.

Sul piano cognitivo i pensieri negativi, se non vengono riconosciuti consapevolmente, innescano la produzione di routine automatiche di altri giudizi, emozioni, reazioni fisiche e stati d'animo negativi in una spirale distruttiva che si autoalimenta. Queste routine vengono definite in gergo «proliferazioni mentali»: sono **attività di pensiero che trasformano le situazioni in problemi.** L'inconsapevolezza di questi processi rinforza le reti neurali che li sottendono. Di fronte agli stessi stimoli diventa sempre più probabile che si reagisca con le medesime proliferazioni. Quando ciò avviene, ogni minimo pensiero negativo diventa abbastanza forte da scatenare una potente reazione sotto forma di cambiamenti nello stato dell'umore, nelle emozioni, nelle aspettative, nelle sensazioni del corpo.

Questi fenomeni si manifestano sia nella vita di tutti i giorni sia durante la prestazione sportiva. La pratica meditativa consente di riconoscere i pensieri all'origine delle proliferazioni mentali, di prenderne coscienza senza reagire a essi. È come se diceste a voi stessi: «oh, ecco di nuovo la paura», o la rabbia o la voglia di fermarsi, ma senza dover agire di conseguenza. Più che qualsiasi spiegazione teorica, credo che renda bene questo atteggiamento una poesia del mistico Rumi.[7]

[7] Tratta da: Z.V. Segale et altri, *op. cit.*

È come una locanda l'essere umano,
ogni mattina qualcuno che arriva,
gioia, tristezza, squallore,
rapidi e fuggevoli si presentano alla coscienza,
visitatori inattesi.
[...]
Pensieri cupi, vergogna, risentimenti:
apri loro la tua porta ridendo, invitali a entrare.
Ringrazia chiunque si presenti,
perché è una guida
che ti è stata mandata da lontano.

È questa attitudine ad accettare sentimenti spiacevoli, a rimanere distaccati dai propri pensieri, vedendoli non come «cose» oggettive a cui reagire, ma come semplici pensieri, che possiamo definire capacità di «decentrarsi»; chi sa decentrarsi vive i pensieri per quello che sono, non li considera copie fedeli della realtà, non si identifica con essi. Il partecipante a uno stage che comprendeva una parte di formazione sugli aspetti teorici della meditazione e una parte applicativa consistente in una prova di resistenza di oltre otto ore, definiva così lo stato d'animo del decentrarsi: «Ho cercato di reagire ai pensieri negativi che nascevano cercando di vivere l'azione del momento senza permettere alla mia mente di andare oltre». Ecco, tutto ciò rappresenta il tentativo di evitare la ferita della seconda inutile freccia. Osservare pensieri e sensazioni, ma non reagire a essi. Un altro partecipante descrive in maniera più colorita la stessa esperienza: «Avere i piedi che passavano dal gelato al caldo, con le scarpe piene di neve, acqua, palta e sassolini come contorno, be' tutto superato con calma olimpica. Mi sono immediatamente liberato dal pensiero che potessero formarsi delle fiacche e i piedi hanno 'semplicemente' fatto al 100% il loro lavoro. La seconda discesa nella parte bassa era abbastanza dura, tanto che fin da quota 1889 metri ho pensato: 'maledizione la discesa mi ha distrutto!'; be' passata qualche decina di metri ho trasformato il pensiero in una 'filastrocca' dal ritmo divertente e ripetendola mi divertivo prendendomi quasi in giro, e in tal modo ho ripreso un passo più o meno normale malgrado i dolori insistenti. Arrivato al punto di ristoro, ho riempito la borraccia, mangiato e poi con calma ma *tantissima* determinazione sono ripartito per la terza salita. Nulla e niente mi avrebbe fermato, sapevo che sarei arrivato in cima, con calma, con il passo che ormai mi era possibile. La terza salita è stata lunga, quasi un'ora in più della prima, ma non l'ho percepita come lunga... infinita... ero concentrato sul salire, su dove e come mettere piedi e bastoncini. Sono riuscito a tenere lontano, lontanissimo qualunque pensiero di non farcela, di desistere, di dirmi 'ma chi me lo fare'».

Un'altra partecipante racconta: «Ho cercato di mantenere un atteggiamento da 'meditatore', concentrandomi sull'ascolto del mio corpo e delle sensazioni fisiche e facendo attenzione a non confondere i pensieri con la realtà oggettiva. Questo mi è riuscito quasi sempre; sono riuscita a mantenere la calma e a rimanere abbastanza tranquilla durante tutto il tempo. Soprattutto durante la seconda discesa (nel tratto innevato) mi sono sentita molto in crisi, mi sentivo esausta e fantozziana, forse anche un po' impaurita perché scivolavo e mi sembrava quasi di non riuscire a rimanere in piedi. Ma mi sono concentrata sulle sensazioni fisiche accostandole ai pensieri negativi. Per esempio mi dicevo: 'perché vuoi smettere? Ti fanno male le gambe così tanto da smettere?' 'No', mi rispondevo. 'L'affanno è insopportabile?' 'No.' 'I tendini urlano?' 'No' e così quasi mi prendevo in giro perché producevo pensieri molto negativi ma oggettivamente immotivati».

L'altro grande vantaggio nell'utilizzo della meditazione è rappresentato dalla sua efficacia nel c**ontrastare gli effetti fisiologici dello stress:** la pratica della meditazione regola la produzione di cortisolo e di noradrenalina, tra i più importanti ormoni legati allo stress cronico; diminuisce il tono simpatico dell'attività cardiaca; aumenta la serotonina, neurotrasmettitore legato all'umore; diminuisce la pressione sanguigna; migliora la regolazione del glucosio in pazienti diabetici, peggiorata dallo stress cronico; migliora infine le difese immunitarie. Da un punto di vista neurofisiologico la meditazione produce una modificazione del rapporto tra attivazione dell'emisfero sinistro e destro (con aumento dell'attivazione sinistra), fatto che indica una migliore modulazione dei circuiti cerebrali responsabili della risposta emozionale.[8] Dopo un corso di meditazione di quattro settimane si osservano modificazioni cerebrali che perdurano oltre quattro mesi.

La «tecnica meditativa» è sconcertante nella sua semplicità. In realtà di tecniche meditative ne esistono tantissime, ma quello che conta non la forma esterna, è l'attenzione ai processi mentali; anzi la stessa parola «tecnica» può suonare inappropriata se applicata al processo meditativo, poiché la tecnica non è il fine, ma il mezzo. La modalità che descrivo sommariamente deriva dall'esperienza della Clinica per la riduzione dello stress presso l'Università del Massachusetts:

> Respirate seduti dirigendo l'attenzione costantemente alla respirazione: o meglio alla respirazione sentita nella pancia. Qui non ci concentriamo sui contenuti della mente: l'obiettivo non è cambiarli. Noi vogliamo solo osservarli e quello che va cambiato è il nostro rapporto con loro: precisamente la nostra tendenza a reagire nei loro confronti. Se arriverà disagio, va bene. Se arriverà ansia, va bene. Se arriverà impazienza, va bene. L'importante è osservare ciò che c'è, senza reagire frettolosamente. Se la mente vaga, occorre osservare per qualche istante che cos'è che la distrae e poi con delicatezza riportare l'attenzione sul respiro. Il respiro tenderà ad assumere un ritmo vicino ai sei cicli al minuto.[9]

[8] Davidson, Kabat-Zinn, Schumacher et al. *Alterations in Brain and Immune Function Produced by Mindfulness Meditation*, in *Psychosomatic medicine*, 65 (2003), pp. 564-570.

[9] Il ritmo respiratorio dei 6 cicli al minuto è il più vantaggioso dal punto di vista dei benefici fisiologici ed è il ritmo a cui tende spontaneamente la respirazione nei meditatori. Si veda A. Cevese, C. Tarperi, G. Gulli, P. Trabucchi, F. Schena, *Effects of*

> L'obiettivo non è quello di impedire alla mente di vagare; piuttosto semplicemente quello di osservare il suo comportamento. È quasi come se ci proponessimo di etichettare i pensieri e le sensazioni che appaiono nella mente. Per esempio è molto diverso pensare: «Sento che potrei non farcela». Oppure dirsi: «Ora arriva questo pensiero: sento che potrei non farcela». Se la mente si distrae cento volte, occorre riportarla indietro cento volte. Il vagare in sé non è un errore. È l'attività propria della mente. Il problema è il rapporto che abbiamo con questo vagare. Se ci arrabbiamo con la mente, ancora una volta avremo reagito inutilmente a un evento mentale. Invece prendiamo atto, e riportiamo l'attenzione sul respiro. Ecco, la meditazione è tutta qui. Non c'è altro.

Se siete delusi da quanto avete letto, vuol dire che avevate altre aspettative. Forse immaginavate che ci fosse qualcosa di magico, che la meditazione contenesse qualche trucco onnipotente. Temo fosse un modo per scappare ancora una volta dall'impegno reale. Jon Kabat-Zinn dice che la meditazione è «la cosa più dura al mondo». Ha ragione. La semplicità dei requisiti della pratica può ingannare. Ancora una volta bisogna ribadire che stare con quello che c'è, osservando, senza reagire, è molto duro, è molto difficile.

Ma anche se l'importante risiede nella consapevolezza dei processi mentali, e non nella tecnica, qualche nota pratica potrà esservi utile. Innanzitutto parliamo della possibilità di praticare e imparare con un esperto: se è possibile, è certamente meglio. Tuttavia questo non deve diventare un alibi. Anche se nelle vostre vicinanze nessun Maestro con la M maiuscola è raggiungibile (cosa alquanto probabile), potete comunque mettere il massi-

Sub-Acute Exposure to High Altitude on Post-Exercise Recovery of Cardiovascular Autonomic Control, Meeting of European Federation of Autonomic Societies, 2006. Fondamentale anche lo studio di L. Bernardi et al., *Effects of Rosary Prayer and Yoga Mantras on Autonomic Cardiovascular Rhytms: Comparative Study*, British Medical Journal, 323 (2001), pp. 1446-1449.

mo impegno nella pratica. E se da soli sbagliamo? Si tratta di un falso problema: non c'è un modo «giusto» o «sbagliato» di praticare. La meditazione non è prestativa. Non c'è un risultato da raggiungere. Tutto ciò che avviene, distrazione, noia, fastidio è la meditazione. Occorre notarlo e riportare la mente sul respiro. Quando e quanto dobbiamo meditare? Sarebbe facile rispondere che bisognerebbe cercare di essere sempre con la mente in uno stato meditativo. Questo problema ne richiama un altro: quello della pratica ideale, perfetta, che però non esiste, si tratta solo di una creazione della mente. Se la prendiamo non come punto di arrivo ideale ma pretendiamo che sia la realtà, ci sentiremo costantemente frustrati. È meglio essere pratici: scegliendo precisi spazi nell'arco della giornata dove meditare, come se si trattasse di un allenamento. Si può meditare per alcuni minuti o, come Bodhidarma, per interi anni. Ciò che va colto è che non è il numero dei minuti il punto importante. E nemmeno è così importante meditare al mattino o di sera: qualcuno troverà più facile al mattino perché è meno stanco, ma ciò non vuol dire che l'orario sia in sé un impedimento quando si desidera meditare. Nessuno raggiunge la pratica perfetta, ed è stupido farsi condizionare da questa idea e della sua ricerca. Stabilito questo, può essere utile all'inizio programmarsi degli spazi di tempo all'interno della giornata, anche poche decine di minuti al giorno, sedersi tranquilli e meditare. L'obiettivo è che gradualmente si diventi capaci di estendere l'atteggiamento mentale della meditazione in tutti i momenti della giornata, al di fuori degli spazi inizialmente deputati.[10] L'importante è non vedere lo spazio che dedichiamo alla meditazione come uno spazio «altro» rispetto al resto della nostra vita. L'obiettivo, benché ideale, è che un giorno ambedue questi spazi coincidano tra loro.

Anzi, la pratica meditativa ha un senso ancora maggiore se

[10] Due libretti che possono essere utilizzati come «manuali» – se posso usare questo termine – per la meditazione: C. Joko Beck, *Zen quotidiano*, Ubaldini Editore, Roma, 1991 e Thich Nhat Hanh, *Il miracolo della presenza mentale*, Ubaldini Editore, Roma, 1991.

non rimane isolata dal resto della vita, ma viene portata nel cuore dell'azione: con una lunga pratica meditativa alle spalle, l'atleta può controllare meglio le emozioni durante la prestazione. Un esperto meditatore come Claudio Bastrentaz utilizza questo suo background durante le ascensioni alpinistiche; atleti di estrema resistenza come Checco Galanzino utilizzano la pratica meditativa per regolare l'allarme emozionale di fronte alla fatica intensa.

Attenzione infine ad altre due creazioni della mente: la prima è l'idealizzazione della meditazione come soluzione di tutti i problemi. La meditazione può renderci più resilienti, ma non ci renderà invulnerabili alle difficoltà della vita. Il secondo pericolo riguarda l'idealizzazione del meditatore. Anche la pratica meditativa può essere utilizzata con fini compensativi: per alimentare un'immagine di sé basata su invulnerabilità, controllo e invincibilità. In realtà si tratta appunto di un uso compensativo, volto a nascondere un senso di inadeguatezza e destinato a bloccare i progressi del soggetto.

7.4. Aumentare il senso di controllo personale attraverso l'utilizzo di obiettivi reali: la tecnica degli obiettivi prestazionali

Esperienze di successo o di padroneggiamento, in qualsiasi campo avvengano, elevano il senso di controllo degli individui. Esse costruiscono nel soggetto un alto livello di fiducia nella propria autoefficacia. Molte ricerche dimostrano che i risultati raggiunti tramite l'azione diretta producono convinzioni di controllo in maniera superiore a qualsiasi altro mezzo. Una persona in grave difficoltà, o di fronte a un obiettivo estremamente difficile da raggiungere, avrà più probabilità di non demotivarsi e di tollerare frustrazioni e disagio se possiede, nel suo background di esperienze, qualche situazione di superamento positivo a cui attingere. Tra gli esempi, ho parlato di di Francesco Galanzino: di fronte a un obiettivo molto sfidante, che molti ritenevano al di fuori della sua portata, è riuscito a trovare energia e motivazione ispirandosi anche al successo ottenuto in un campo completamente diverso: quello professionale.

Sono convinto anche che questo principio possa avere una valenza rivoluzionaria in campo sportivo. A mio parere l'allenamento dovrebbe trasformarsi: oggi è essenzialmente un processo imperniato sull'applicazione di protocolli di lavoro in vista di obiettivi generali, per lo più di tipo agonistico: l'allenamento-adempimento, una procedura di cui l'atleta stesso sente di poter controllare poco, di cui ha poca consapevolezza e di cui tende a non assumersene la responsabilità. Dovrebbe invece diventare un percorso focalizzato sull'espansione graduale del senso di controllo dell'atleta, attraverso una sequenza di obiettivi mirati. Obiettivi non legati alle gare, che contengono per definizione fattori non controllabili dal soggetto (come la forza dell'avversario) e che dunque meno si prestano allo scopo: ma legati invece all'allenamento. Di fatto, esternamente, le cose non cambierebbero molto. All'interno sarebbe molto diverso. Perché, pur facendo praticamente le stesse cose, l'attenzione dell'atleta e del tecnico sarebbe rivolta all'aumento del senso di controllo. Che, alla fine, a parità di allenamento è quello che fa la differenza. Con questo approccio l'atleta si assumerebbe maggiormente la responsabilità del proprio allenamento e sarebbe molto più forte dal punto di vista mentale di fronte a degli ostacoli.

Alla base di tutto sta il fatto che l'aumento del senso di controllo porta con sé un cambiamento nella valutazione cognitiva generale; e un miglioramento della risposta emozionale, fisica e comportamentale alle situazioni di difficoltà.

Ma anche fuori dal campo sportivo, dare o darsi obiettivi prestazionali (con certe caratteristiche che vedremo poi) può servire a far sviluppare il senso di controllo. I trainer dei programmi di gestione dello stress dovrebbero prescrivere obiettivi reali ai loro clienti.

Inutile dire che gli obiettivi più facilmente utilizzabili con qualsiasi soggetto sono quelli che hanno a che vedere con l'attività fisica. Essi risultano particolarmente incisivi nel permettere il cambiamento della percezione di autoefficacia personale. E, anche se lo scopo non è direttamente questo, fanno anche sperimentare tutti i benefici salutistici e anti-stress dello sport.

Se il soggetto è sedentario, ancora meglio: intraprendere l'attività fisica è già in sé un obiettivo che può essere utilizzato allo scopo; magari declinato in modo graduale, attraverso una serie di sotto-obiettivi.

In merito alle caratteristiche di un obiettivo reale, esso dovrà essere:

a. **Specifico** per *quella* persona.
b. **Definito,** possibilmente misurabile e valutabile in maniera precisa; obiettivi specifici regolano l'azione in modo più preciso di obiettivi generali.
c. **Descritto come basato su capacità che possono essere apprese** e non su abilità innate (cioè fa vedere il risultato come frutto dell'impegno).
d. **Sfidante, nel senso di generare coinvolgimento emotivo.** L'interesse genera neuroplasticità, cioè la nascita di nuove connessioni nervose. Quello che si impara in condizioni di alto interesse e di relativa attivazione emozionale, non viene più dimenticato. Le esperienze di padroneggiamento caratterizzate fortemente sotto l'aspetto emotivo lasciano tracce permanenti nel sistema nervoso: esse creano nuove strutture neurali all'interno del cervello che verranno richiamate all'operatività da ogni situazione simile a quelle che le ha generate. Questo è un doppio vincolo, perché il fenomeno si manifesta se l'esperienza è caratterizzata da emozioni sia negative sia positive. Se io provo a sollevare un peso e fallisco, o a un

certo livello di intensità di fatica arresto il mio giro di pista, genero una risposta che sarà facilitata in circostanze simili: riprovando le stesse sensazioni sarò portato a fermarmi di nuovo. In caso di successo, lo stesso fenomeno invece faciliterà un ulteriore esito positivo.

e. **Sfidante, ma non eccessivamente:** l'obiettivo deve essere alla portata del soggetto. Egli deve essere in grado di raggiungerlo. Un obiettivo troppo sfidante diventa demotivante perché si sa già che è falso. Oppure perché risulta troppo frustrante, facendo diminuire il senso di controllo, invece che facendolo aumentare. Un obiettivo troppo poco sfidante risulta demotivante, per il meccanismo opposto, perché svalutativo nei confronti del soggetto.
f. **Strutturato in modo *graduale*.** Alex Huber ha scalato la Direttissima alla Cima Grande di Lavaredo slegato. 500 metri di altezza, molto strapiombanti, una via che quando fu aperta richiese grande utilizzo di mezzi artificiali. Un exploit straordinario che non può essere ridotto a «follia»: nessun folle dispone di un controllo mentale così grande da poter tenere a bada il terrore così a lungo da superare 500 metri di vuoto. Eppure, leggendo i resoconti della sua preparazione, si vede con chiarezza che il suo straordinario controllo è stato costruito in modo assolutamente graduale. Partendo da vie brevi in palestra, sempre più difficili fino ad arrivare a difficoltà eccezionali, ma sempre slegato; e da vie lunghe, in montagna, gradualmente sempre più lunghe e difficili, seppure con difficoltà assolute minori, anch'esse sempre solo e slegato. Non si sarebbe mai sognato, dall'oggi al domani, di tentare la Direttissima. Suddividere un obiettivo in piccoli passi graduali è uno dei requisiti per stimolare la plasticità neuronale. Piccoli progressi consentono al cervello la creazione di nuove connessioni nervose che stabilizzano le nuove conquiste realizzate. Passi eccessivi non consentono né un adattamento psicologico né cerebrale.
g. **Tale per cui l'insuccesso possa essere ristrutturato** come la

tappa iniziale da cui ripartire per ritentare di raggiungere l'obiettivo.

Il processo di acquisizione dell'obiettivo dovrà accompagnarsi a una serie di accorgimenti comunicativi e relazionali da parte del tecnico\trainer:

1. ricevere molti feedback (feedback positivi e correttivi sul come migliorare la prestazione, non giudizi sulla persona) aumenta il senso di controllo dell'individuo.[11]
2. Generate coinvolgimento emotivo: ma non serve urlare o sbracciarsi durante la prestazione. Trasmettete interesse verso l'obiettivo. Ciò garantisce neuroplasticità.
3. Lasciate al soggetto la possibilità di sbagliare. È sui feedback correttivi dell'errore che si può costruire l'apprendimento. Creando paura di sbagliare si inibisce l'apprendimento.
4. Segni velati di svalutazione: lodi eccessive per prestazioni mediocri, trattamento neutro di fronte a prestazioni inadeguate. Inoltre gli elogi senza fondato motivo vanno evitati perché producono un effetto paradossale: rappresentano un fattore incontrollabile per l'atleta, che le percepisce come slegate dai suoi comportamenti («ho fatto male e ricevo una lode: ma perché?»). Per questo motivo tendono ad abbassare, piuttosto che ad innalzare, il senso di controllo dell'alteta.

7.5. Zucchero cognitivo: cibo, neurotrasmettitori, e comportamenti consolatori

Il modo in cui un soggetto «vede» gli eventi ha effetti sulla sua biochimica cerebrale. Ho insistito su questo concetto in tutto il libro. Ma accade anche l'opposto. L'eccesso o la carenza di al-

[11] D.H. Schunk, *Sequential Attributional Feedback and Children's Achievement Behaviours*, in *Journal of Educational Psychology*, 76 (1984), pp. 1159-1169.

cuni neurotrasmettitori modificano in maniera significativa il nostro stato d'animo e le nostre emozioni. Nel capitolo 2 ho descritto l'esistenza di modelli consolatori del mondo; ovvero di modi di vedere la realtà – e i comportamenti che da esse conseguono – che hanno come scopo prioritario la consolazione emotiva del soggetto. Tutto ciò a discapito della sua resilienza e della sua capacità di affrontare la realtà.

Credo che alcuni comportamenti nutrizionali siano connessi a questi modelli. Il loro scopo sta nel ricercare un effimero e momentaneo benessere emozionale attraverso una vera e propria «manipolazione» biochimica del cervello. Ma, non solo il benessere provato è temporaneo: alla lunga tali comportamenti creano dipendenza e danni fisici. E, tamponando l'incontro con il disagio (che spesso spinge a muoversi e a cambiare situazioni e schemi mentali inefficaci) non permette la crescita della resilienza.

Non mi riferisco, ovviamente, a comportamenti legati alla tossicomania o all'abuso di psicofarmaci: bensì a cose molto più consuete e quotidiane che tutti ben conosciamo, anche se non ne realizziamo a fondo le ricadute biochimiche.

Anni fa, un celebre libro di William Dufty aveva lanciato l'allarme sulle forme di dipendenza psico-fisica dagli alimenti basati sullo zucchero. Per capire nel dettaglio quale sia l'effetto di questi comportamenti sul funzionamento cerebrale mi sono rivolto a due cari amici, Luca e Attilio Speciani che, oltre a essere gli ideatori di un programma dietetico di grande efficacia e successo, hanno approfondito in un libro molto interessante le interazioni tra alimentazione e biochimica cerebrale.[12]

Luca e Attilio stigmatizzano soprattutto un fenomeno legato

[12] Il testo sull'interazione tra alimentazione e biochimica cerebrale è: Attilio e Luca Speciani, *Prevenire e curare la depressione con il cibo*, Fratelli Fabbri Editori, Milano, 2006. Il programma dietetico citato è esposto in Id., *Dieta GIFT*, Fratelli Fabbri Editori, Milano, 2005. Si veda anche il più recente Id., *Guida pratica alla dieta GIFT*, Tecniche Nuove, Milano, 2007.
Ulteriori informazioni possono essere ricavate dai seguenti siti: www.eurosalus.com; www.lucaspeciani.it; www.dietagift.it

all'alimentazione scorretta: il cambiamento nel bilancio della serotonina e in quello delle beta-endorfine determinato dall'assunzione di cibi molto zuccherati. «Il circolo vizioso è il seguente» spiegano, «ci troviamo un po' scarichi dopo una giornata di lavoro e sentiamo un (normalissimo e naturale) bisogno di ripristinare le calorie consumate. Apriamo il frigo, o passiamo al bar, e scegliamo un bel cappuccino pieno di zucchero con una brioche (anch'essa zuccherata) oppure una fetta di torta o una merendina (sempre zuccherata) o un bel bicchierone di una bibita gassata (30 g di zucchero in mezzo litro!), o ancora un pezzo di cioccolato. Nel nostro sangue succede un tumulto: la glicemia cresce rapidissima, richiamando immediatamente l'insulina a intervenire. Il suo intervento provoca da una parte la rimozione del glucosio in eccesso (che viene indirizzato alle cellule adipose), dall'altra l'accumulo plasmatico di triptofano che, trasformandosi in serotonina, ci regala una splendida sensazione di benessere che, per quanto limitata nel tempo, è assolutamente piacevole.

«Ci siamo fatti la nostra dose. Come ogni buona droga lo zucchero scatena il rilascio di beta-endorfine, che sono mediatori cerebrali in grado di non farci sentire il dolore, e ci dona una sensazione di euforia e onnipotenza. Questo è stato dimostrato con chiarezza dagli studi di Elliott Blass della Cornell University, che è riuscito a fermare il dolore su cavie con soluzioni contenenti alte dosi di zucchero, ripristinando la dolorabilità con la somministrazione di Naltrexone, una sostanza in grado di bloccare solo il sistema delle beta-endorfine.»

D'accordo, questo è il meccanismo biochimico alla base delle sensazioni di piacevolezza e di benessere che si provano assumendo cibi ad alto indice glicemico. Ma questo meccanismo può evolvere in una forma di dipendenza?

«La contemporaneità del rilascio di serotonina (dopo qualche tempo) e di endorfine (subito) in seguito all'assunzione di zuccheri ad alto indice glicemico è uno degli elementi che mantengono alta la richiesta di zucchero da parte delle persone. Richiesta tanto più alta quanto più la persona si trova in stato di debolezza, di depressione, di solitudine. C'è un effetto di benessere emotivo, ma dura poco: nel giro di qualche ora i livelli di serotonina sono ritornati bassi, e al contrario i recettori cellulari della serotonina stessa si sono un po' ridotti (come numero o come capacità di ricezione) per proteggere le cellule nervose dalla continua 'overdose'. Col risultato di avere sempre più bisogno di zuccheri per saturare le proprie accresciute necessità: si è creata una dipendenza, a cui noi diamo il nome di 'resistenza serotoninica'. Su questa debolezza, le industrie alimentari senza molti scrupoli costruiscono la loro fortuna, immettendo sul mercato cibi-spazzatura il cui unico pregio è quello di essere pieni fino all'orlo di zucchero.»

In questo caso il problema non è banalmente eliminare completamente lo zucchero dalla dieta: se l'assunzione è frutto di una scelta consapevole, esso rimane pur sempre uno dei piaceri della vita. Né si vuole spingere il lettore ad accrescere le fila dei fissati della dieta, con il risultato che il controllo e la responsabilità degli eventi della propria vita sarebbero ancora una volta collocati in qualcosa di esterno a sé. («Non è colpa mia se sono depresso, è che ho mangiato male!») Il problema sta nel rompere il circolo vizioso del comportamento consolatorio, riequilibrando al tempo stesso i recettori della serotonina. Per quest'ultimo obiettivo è sufficiente controllare l'assunzione eccessivamente frequente di cibi che alzano troppo rapidamente la glicemia: il programma nutrizionale elaborato dai nostri amici può andare benissimo per questi scopi. Per il resto non dobbiamo dimenticarci quanto detto all'inizio del capitolo: esiste un livello di intervento «micro», dove l'intervento sulla periferia finisce per modificare il centro, cioè il nostro filtro cognitivo. Ne abbiamo visto un esempio infelice, quando cioè otteniamo di alterare le concentrazioni di serotonina tramite l'abuso di zucchero. L'esempio è infelice perché le modificazioni sono temporanee e producono danni alla salute e dipendenza psicologica: quindi danneggiano la resilienza individuale. Ma per riequilibrare la situazione non dobbiamo dimenticarci che esiste anche il livello «macro». Possiamo cioè partire dal centro, cambiando il nostro modo di vedere gli eventi, e ottenere le stesse modificazioni nelle concentrazioni di serotonina e di beta-endorfine; però in modo più stabile e senza effetti collaterali: questo significa aumentare la propria resilienza personale. Lo zucchero cognitivo.

Capitolo otto

Utilizzare lo sport per costruire la resilienza nei bambini

«Il compito di un bambino, supportato dalla cooperazione di genitori attenti e responsabili, è sviluppare l'abitudine a non darsi per vinto di fronte a sfide e ostacoli.»

Martin Seligman

C'è poco da ridere. Le nuove generazioni dei paesi più ricchi dovranno affrontare due grandi emergenze nei prossimi anni: l'epidemia di obesità infantile e quella dei disturbi legati alla prolungata esposizione ai media elettronici. La popolazione dei giovani americani obesi, dal 1980, è addirittura raddoppiata arrivando all'allarmante cifra di 9 milioni di studenti. Negli Stati Uniti i bambini iniziano a essere obesi dai due anni in poi. Secondo il rapporto del 2002 sulla salute in Europa (pubblicato dall'Ufficio Regionale Europeo dell'OMS), un bambino su cinque in molti Paesi europei è affetto da obesità o sovrappeso.[1] Studi specifici indicano che è la sedentarietà più che l'assunzione di cibi molto calorici la causa principale di questa situazione.[2]

Ancora più allarmanti, sotto certi aspetti, gli effetti dell'abuso dei media elettronici. Negli Stati Uniti alcune ricerche indicano che i ragazzini trascorrono 44 ore settimanali davanti a media elettronici: videogame, internet, televisione, telefonini. Un'enor-

[1] In Italia, secondo lo studio Passi (Progressi delle aziende sanitarie per la salute in Italia), relativo all'anno 2000, tra i ragazzi nella fascia 6-17 anni si riscontra un sovrappeso nel 24% dei casi.

[2] In Italia questi sono i risultati dell'indagine Multiscopo del 2000, condotta dall'Istituto Nazionale di Statistica (Istat).

mità, il tempo di un lavoratore che fa gli straordinari. Secondo uno studio campione a cura della Clinica psichiatrica dell'università di Palermo, in Italia gli adolescenti trascorrono cinque ore e mezzo ogni giorno assorbiti dal telefonino: sms, chat, conversazioni, videogiochi, community, web.

Il problema di questi abusi sono gli effetti sul cervello e sul comportamento: diminuisce la capacità di prestare attenzione al mondo esterno, quello non virtuale; la velocità istantanea a cui avvengono le comunicazioni virtuali abitua a una dimensione temporale falsata, in cui attendere pochi istanti diventa intollerabilmente frustrante.[3] Sul piano comportamentale il soggetto diventa progressivamente sempre più incapace di rapportarsi con gli altri e con la realtà. Nei confronti del mondo esterno sostituisce la comunicazione reale con quella operata attraverso i media elettronici. Si noti, per inciso, che durante la visione televisiva il battito cardiaco e il consumo calorico scendono ai minimi assoluti (63 calorie all'ora).

L'estrema frontiera di questi comportamenti è il fenomeno dei «ragazzi segregati»: spuntati in Giappone, si stanno velocemente diffondendo in tutto l'Occidente. Sono adolescenti che vivono segregati in casa, non vanno nemmeno più a scuola, abitano in un mondo ormai virtuale.

A quanto pare i giovani occidentali si dimostrano sempre più incapaci di relazionarsi con il mondo reale e con le sue difficoltà. La preferenza per un'esistenza virtuale, passiva e protetta denuncia la mancanza di resilienza. Ci si rinchiude in *Second Life*[4] perché il mondo esterno fa paura e si sente di non avere i mezzi

[3] Per una disamina più approfondita degli effetti «paralizzanti» della televisione sui centri cerebrali corticali, rimando a: *A proposito di villaggio globale: effetti sul cervello della televisione e della pratica sportiva. Una comparazione*, in P. Trabucchi, *Ripensare lo sport*, cit.

[4] *Second Life* è il nome del sito dove chiunque può comprarsi un'identità e vivere una vera e propria vita virtuale insieme alle identità fittizie di centinaia di migliaia di persone di tutto il mondo.

per affrontarlo. La responsabilità di questo stato di cose è molteplice. In parte va attribuita agli stessi genitori, al loro disinteresse così come alle loro paure. Ricerche empiriche mostrano che il raggio medio di allontanamento dei bambini di casa, dal 1970 al 1994, si è ridotto di nove volte.[5] I bambini assorbono le ansie dei genitori. Da loro imparano che il mondo esterno fa paura ed è pericoloso: che lo sia realmente, o che oggettivamente lo sia più che in passato, sarebbe interessante da appurare. Comunque questa è la percezione che promuovono anche i mezzi di comunicazione di massa.

Lo sport giovanile rappresenta uno strumento per resistere a questa deriva. Esso pone rimedio ad alcuni dei punti critici esposti sopra: si oppone alla sedentarietà; soddisfa il bisogno di socialità e di affiliazione che procede in senso contrario al ritiro autistico in un mondo virtuale; se fatto in un contesto outdoor contrasta il cosiddetto «disturbo da carenza di natura», un disagio di cui si è cominciato a parlare negli ultimi anni.[6] Ma, soprattutto, lo sport giovanile aiuta bambini e ragazzi a diventare maggiormente resilienti. Facendoli confrontare con difficoltà contenibili, permette loro di fare esperienza di sé. Insegna loro a gestire insuccessi e frustrazioni; li rende più consapevoli dei propri atteggiamenti di fronte a sfide e ostacoli; li fa diventare fisicamente e psicologicamente più resistenti allo stress. Mi spingo ad affermare che lo sport giovanile rappresenta un investimento per la vita, a patto che sia utilizzato in un certo modo. Altrimenti, è meglio lasciar perdere: finisce per portare più danni che vantaggi. Lo sport fatto male non solo non accresce ma danneggia irrimediabilmente la resilienza del bambino. Solitamente lo sport giovanile si deteriora quando gli adulti (tecnici sportivi o genitori) stravolgono l'esperienza del bambino, stumentalizzandola a fini personali: utilizzandola per colmare il loro narcisismo, per

[5] Cit. da Richard Louv, *Last Child in the Wood: Saving Our Children from Nature Deficit Disorder*, Algonquin Books of Chapel Hill, 2006.

[6] R. Louv, *op. cit.*

trovare gratificazioni, per ottenere compensazioni. In questo modo il bambino viene derubato di un'esperienza preziosa, il cui significato viene completamente deformato.

Si tenga anche presente, questa è ovviamente un'opinione personale, che fino all'adolescenza l'obiettivo dell'allenamento è quasi esclusivamente psicologico. Con questa affermazione intendo dire che la costruzione delle competenze tecniche e delle qualità fisiche non sono, nell'infanzia e nella preadolescenza, altrettanto importanti quanto quelle psicologiche. Certi atteggiamenti, che poi nell'adulto fanno la differenza nello sport di alta prestazione, si costruiscono in quel frangente: dopo non sarà più possibile.

Il modello di sport giovanile in cui credo è perciò molto orientato alla costruzione della resilienza e delle caratteristiche psicologiche che rendono capaci di affrontare e risolvere i problemi.

Per elaborare il modello mi sono basato:

- su dati accademici e sulla letteratura scientifica esistente;
- sul confronto con l'esperienza di molti tecnici sportivi, con cui ho lavorato negli ultimi anni. Paradossalmente, quelli che hanno le idee più chiare e rivendicavano un maggior spazio alla costruzione delle capacità psicologiche in ambito giovanile sono quei tecnici che si occupano di atleti adulti di altissimo livello. Sono costoro a rendersi conto che ai livelli più alti fanno quasi sempre la differenza le caratteristiche psicologiche, non quelle fisiologiche;
- sul confronto con i genitori, operatori della scuola e tecnici giovanili, vissuto all'interno di corsi e conferenze sullo sport giovanile che ho tenuto negli ultimi anni;
- sulla mia piccola ma diretta esperienza di allenatore giovanile. All'interno della comunità in cui abito ho deciso che la miglior maniera di fare del volontariato sia quella di mettere a disposizione dei bambini locali la mia esperienza. Ho allenato i bambini dai 4 agli 11 anni del vivaio Winter Triathlon del-

lo Sci Club Brusson. D'accordo con gli altri tecnici abbiamo proposto una serie di attività che lavorassero sulle competenze psicologiche e la gestione delle difficoltà, seguendo i principi che sono esposti di seguito (salvaguardia della motivazione del bambino, enfasi sul dare impegno più che sull'ottenere risultati, utilizzo di stile autorevole e disciplina). Con formule particolari siamo riusciti anche a organizzare gare che coinvolgessero perfino i più piccoli, ma tenendo separati risultati ottenuti e senso globale di autostima. Dai feedback dei piccoli e dei loro genitori ho appreso molto.

8.1. Sei principi per generare resilienza nel bambino tramite lo sport (consigli a tecnici e genitori)

1. Non derubate la motivazione del bambino!

Il campo minato per l'adulto coinvolto nello sport giovanile a vario titolo è quello della sua interferenza con la motivazione del piccolo: il problema è riuscire a sviluppare l'interesse per lo sport nel figlio, senza sovrapporre la motivazione propria a quella del bambino. I genitori che compiono tale «sostituzione» sono quelli che, in gergo si dice, «spingono» i figli. Chi «spinge» i figli cerca di soddisfare i propri bisogni, non quelli della prole. Sono i genitori (o i tecnici) che vorrebbero compensare le proprie frustrazioni o le proprie aspirazioni insoddisfatte per mezzo delle vittorie del fanciullo. Esiste una legge in natura, sebbene nessuno l'abbia ancora formulata esplicitamente, che dice più o meno: «i migliori genitori (e tecnici) in senso sportivo sono quelli appagati e che non hanno bisogno di ricevere soddisfazioni da nessuno».

Il genitore che cerca visibilità sociale, attenzione e lustro attraverso lo sport dei figli non solo è povero in senso esistenziale, ma è anche uno che si dà la zappa sui piedi, perché non permette ai figli di sviluppare una motivazione indipendente: il «voglio farcela per me e perché mi piace», che è poi l'unica garanzia per un futuro da atleta. Non è un caso, infatti, che le statistiche della partecipazione giovanile allo sport, qualsiasi sport, presentino un impressionante e improvviso crollo nei pressi del periodo preadolescenziale e dell'adolescenza: il fenomeno dell'abbandono giovanile della pratica sportiva si presenta drammaticamente, guarda caso, proprio in quell'età in cui si ha la forza di dire di no alle imposizioni altrui, e in cui, contemporaneamente, si prendono anche le prime legnate in campo sportivo, facendosi più serio il confronto. Come dire: «Finché vincevo facile, potevo ancora andare avanti a fare quello che volevi tu. Ma ora, dover prendermi sberle solo per farti contento... Vacci tu!» Mi è capitato di parlare con ragazzini praticanti discipline invernali che si auguravano che quell'inverno non nevicasse, tanto erano nauseati dagli allenamenti.

Uno che invece fa qualcosa perché gli piace, perché ha passione, difficilmente si demotiverà di fronte alle prime scaramucce serie. Ecco spiegato il paradosso del «se volete il figlio campione dovete smettere di spingerlo e insegnargli a mandarsi avanti da solo». In altre parole, un genitore «appagato», senza cioè il bisogno di cercare conferme nello sport dei figli, ha più probabilità di trovarsi il campione in casa.

Il genitore pressante fa invece un sacco di disastri: statisticamente i campioni con alle spalle il genitore che li ha «spinti» rappresentano una piccola eccezione rispetto al numero dei potenziali campioni bruciati dai genitori troppo «presenti». Con facilità ricordiamo i (pochi) casi di genitore-demiurgo del campione, in quanto sono gli unici che vediamo: ma non vediamo la distesa di sportivi mancati, di quelli che non ce l'hanno fatta che giacciono esanimi alle loro spalle.

Tuttavia il genitore «appagato» non è quello assente o che si disinteressa: c'è una differenza sottile, ma fondamentale. Il genitore equilibrato c'è: partecipa emotivamente, ma poi lascia liberi i figli di scegliere quello che piace loro. Conosco parecchi amatori di quelli coinvolti, convinti, «tosti»: ebbene, se hanno figli, la tentazione di pilotare le loro scelte, di condividere il proprio bagaglio di esperienze e di consigli, rischia di essere forte. Però i figli hanno bisogno di fare le proprie esperienze, perfino di sbagliare, anche quando i genitori saprebbero sicuramente meglio di loro come fare.

2. Spronatelo a mettere il massimo impegno, non a vincere

L'agonismo è innato nella specie. È una constatazione, un dato di fatto indipendente da ogni nostro desiderio buonista. Chi afferma il contrario è perché evidentemente non ha mai visto giocare un gruppo di bambini. L'agonismo è connaturato anche ai bambini più piccoli. Una delle prime cose di cui mi resi conto, allenando bambini dai 4 agli 11 anni, era che la semplice richiesta di una corsetta di riscaldamento generava sempre invariabilmente e spontaneamente una gara all'ultimo respiro. E l'unico incidente serio rischiato in un allenamento fu quello di un ragazzino che si rovesciò in avanti con la bici atterrando di testa (per fortuna munita di caschetto), perché *in allenamento* si era girato all'indietro per controllare che nessuno lo superasse.

Tuttavia l'agonismo nei bimbi è sano perché si fermerebbe qui: giocare cercando di vincere, essere più contenti in caso di successo, un po' meno in caso di sconfitta. Punto. Per i bambini (se gli adulti non si impicciano) si è dei «vincenti» o dei «perdenti» solo nel momento del gioco; e solo fino alla prossima partita. Lo scopo rimane il gioco: lo status sociale che ne deriva è solo un effetto collaterale che non viene ricercato in modo nevrotico. Per gli adulti è il contrario: si gioca per poter dimostrare di essere dei vincenti, e l'appartenenza all'ambita categoria è l'unica cosa che conta. Poiché dal gioco si pretende di estenderla a tutti gli ambiti della vita.

Con i più piccoli sottolineare troppo l'importanza della vittoria può avere effetti devastanti. Alcuni studi mostrano come la richiesta troppo precoce di produrre risultati favorisca lo sviluppo nei giovani atleti di forme di ansia pre-gara che perdurano anche in età più matura. Infatti, se gioco solo per vincere finisce che ho molta paura di perdere. Così, o mi passa la voglia di giocare oppure giocherò inibito dall'ansia di perdere. Per esempio, un ragazzino che gioca a pallone concentrandosi non sulla prestazione (cioè giocare bene) ma sul risultato (cioè non perdere) finisce per impiegare sempre gli stessi schemi e gli stessi automatismi motori perché sono quelli che gli danno più sicurezza. In gergo si dice che andrà avanti a suon di emisfero sinistro, cioè quello logico, analitico. I movimenti, imprigionati entro forme rigide e fisse, si perdono tutto quello che potrebbe essere apportato loro dall'emisfero destro, quello creativo: il piacere di dosare la forza impiegata nell'azione, di calibrare secondo infinite sfumature le aperture articolari, di utilizzare tutte le sensazioni provenienti dall'organismo per sperimentare variazioni negli schemi motori.

Studi come quelli di André Degoute e di altri autori della scuola francese mostrano come la troppo precoce richiesta di risultato produce un impoverimento del bagaglio motorio proprio in quanto viene mantenuta solo la gestualità immediatamente utile: il risultato è che l'atleta evoluto avrà una capacità di regolazione motoria povera con una limitazione anche della prestazione. L'agonismo precoce può diventare quindi una subdola forma di sabotaggio delle future prestazioni.

Inoltre la prestazione giovanile è soggetta a un maggior numero di fattori incontrollabili rispetto a quella adulta: un bambino più sviluppato (cioè biologicamente più vecchio anche se anagraficamente coetaneo) può battere facilmente in molte discipline il compagno meno sviluppato (che magari però si impegna molto di più). In questo caso, chi è più bravo? Ha senso dire che il primo è un «vincente»? Oppure uno ha magari lo zio che gli sciolina gli sci, mentre l'altro si arrangia come può. Sono banalità, ma l'adulto ha molta più consapevolezza di questi aspetti se è lui a competere, il bambino non può coglierli. Se alla fine quello che gli viene fatto vedere è solo la classifica finale, questo può essere pericoloso: ciò infatti può diminuire grandemente il suo senso di controllo. Ma, allo stesso tempo, è anche inutile dire al bambino che il vero avversario da battere è lui stesso perché ancora non può capirlo.

Il messaggio che deve passare è invece quello di impegnarsi al massimo per esprimere la migliore prestazione, il miglior gioco possibile, indipendentemente da quello che sarà poi il risultato. Come abbiamo visto nel capitolo 3, uno stile attributivo basato sull'impegno è più efficace di quello basato sul talento o sull'aiuto esterno; e in caso di insuccesso rende più probabile un accrescimento della motivazione piuttosto che la rinuncia.

Di fronte a una difficoltà o a un obiettivo da raggiungere, il bambino ha bisogno di essere rassicurato di potercela fare. Il compito del tecnico o del genitore è quello di mostrargli come molto spesso il successo dipenda dall'impegno. Mettendo l'accento sull'importanza dell'abilità o del talento (cioè di entità poco controllabili che uno o possiede o non possiede), in caso di insuccesso il bambino tenderà a rinunciare, a ritirarsi. Infatti, se si convince di «non essere capace», di «non essere bravo», non avrà alcuno stimolo a coinvolgersi nell'attività. Lo stesso accade quando l'insuccesso viene attribuito alla fortuna o alla mancanza di aiuto o, ancora, alla difficoltà intrinseca dell'obiettivo («è troppo difficile» è come dire «non ho le capacità»).

Certo, il termine «impegno» ha un significato vago in italiano. Se qualcuno dice a un bambino «devi impegnarti» lui non sa cosa fare concretamente. Per questo è importante che il genitore o l'allenatore aiutino il bambino per esempio utilizzando modelli di impegno, non di risultato (disubbidendo così al diktat culturale che dice: «quello che conta sono unicamente i risultati»).

Apparentemente tutto ciò è in contrasto con quanto dirò oltre: cioè che è necessario permettere l'esposizione del bambino anche a qualche frustrazione. Anzi, che questo passo rappresenta un momento irrinunciabile nella costruzione del senso di controllo personale. Perché allora non farlo gareggiare dai 4 anni in poi, abituandolo a classifiche, cronometraggi, cerimonie di premiazione e maglie nere? In realtà non c'è contraddizione, è solo una questione di misura: in età infantile la pressione sul bambino delle aspettative genitoriali, seguite dal mancato ottenimento del risultato sperato possono rappresentare una frustrazione troppo grossa da elaborare: spessissimo lo è anche per gli stessi adulti! Perché pretendere che i bambini siano già in grado di digerire psicologicamente cose che nemmeno gli adulti spesso riescono a elaborare? Ai bambini molto piccoli si può insegnare l'uso e la gestione delle frustrazioni come pungolo motivazionale; ma solo partendo da cose emotivamente molto più piccole.

3. Medaglie di ghiaccio: tenete lontani tra loro autostima e risultato

Più che di un punto autonomo, si tratta di un corollario dei punti precedenti. Con l'eccessiva enfasi sul «vincere», gli adulti finiscono invariabilmente per far collegare in modo indissolubile nella mente del bambino autostima e risultato. In questa situazione, il bambino si sentirà costretto a dover sempre eccellere a tutti i costi, con un terrore intollerabile nei confronti della possibilità di fallire. Il bambino diviene prigioniero della paura di non essere mai abbastanza bravo perché alla sua bravura, ai suoi risultati, è indissolubilmente legata la stima di sé.

A volte una competitività esagerata in un bambino nasconde il disagio di non essere amato: ciò accade se il bambino ha interiorizzato il messaggio che è degno di essere amato solo a patto di essere sempre il più bravo, il perfetto. Per chi è stato educato a pensare in questo modo diventa naturale convincersi che qualsiasi mezzo è lecito per non sperimentare la sconfitta: essa infatti non esprime solo sconfitta sportiva, ma anche perdita della stima di sé. Il riferimento palese è al doping e all'uso che ne fanno certi personaggi una volta divenuti adulti: parlo non dei professionisti, ma del fenomeno degli atleti amatoriali disposti a iniettarsi di tutto pur di trionfare alla sagra del prosciutto del loro paese. Inoltre, un bambino incoraggiato a vedere le proprie capacità esclusivamente all'interno di un sistema che le lega alle prestazioni degli altri, diventerà un soggetto dipendente dall'approvazione esterna e incapace di motivarsi da solo. In questo caso il messaggio da trasmettere è che non si deve misurare il proprio valore esclusivamente in rapporto alle prestazioni degli altri; perché è molto probabile che ci sarà sempre qualcuno migliore di noi in qualcosa. Al di là del risultato, l'importante è che uno metta il massimo impegno in quello che fa. Ciò che va trasmesso è il piacere del confronto e della competizione, mantenendone separati gli esiti dalla stima di sé.

In una mia conferenza tenuta in Trentino per genitori e tecnici sportivi giovanili, un maestro di judo raccontò di premiare i bambini nelle gare interne della società con medaglie di ghiaccio: riconoscimenti che ci abituano a quella che i buddisti chiamano la «legge dell'impermanenza». Ovvero al fatto che l'universo non è mai completamente sotto il nostro controllo, che i fatti non possono sempre andare come vorremmo, che le cose prima o poi si rompono, finiscono, si ammalano o muoiono, non funzionano più.

4. Consentitegli di perdere, di sbagliare, di provare un po' di frustrazione

Se «vincere sempre e a tutti i costi» rimane l'unica prospettiva possibile, si diventa incapaci di sapersi rialzare quando si perde. I ragazzi si scoprono incapaci di gestire la sconfitta, ne vengono travolti, cadono e non sanno più riprendersi. È il caso per esempio dei ragazzini che si sviluppano precocemente, a cui abbiamo accennato sopra, e che l'allenatore non ha il buon senso di frenare. Si abituano a vincere troppo facilmente e queste aspettative, quando finalmente vengono deluse, generano quantità di frustrazione spesso ingestibili a questa età. D'accordo, perdere fa meno piacere di vincere: è normale, altrimenti saremmo malati. Tuttavia è inevitabile che si finisca per sperimentare qualche insuccesso nella vita. Se qualcuno mi ha insegnato a vedere questa prospettiva come inaccettabile, quando arriva l'insuccesso ricevo un colpo durissimo che non sono allenato a incassare.

Il genitore (o il tecnico) che affannosamente si precipita a proteggere il bambino dalla sconfitta, sia essa rappresentata da un risultato sportivo o dall'insuccesso nell'allacciarsi le scarpe da solo, non sta facendo gli interessi del bambino. La frustrazione ha una precisa utilità: spinge a muoverci e a cambiare le cose. Se dosata, ripeto, se dosata in modo appropriato all'età, la frustrazione spinge a cercare il controllo. Ed è qui che inizia la costruzione della resilienza.

Ma nello sport le frustrazioni non sono rappresentate solo dalle sconfitte. Lo sport è disciplina. E spesso la disciplina rappresenta una grossa frustrazione per i giovani. Tuttavia è chiedendo di più ai bambini che li rinforziamo, non viziandoli. «I giovani hanno diritto alla disciplina» ha scritto Bernhard Bueb nel suo *Elogio della disciplina*. E ha ragione. I bambini hanno bisogno di regole e limiti chiari. Già molti anni fa le indagini di Stanley Coopersmith dell'UCLA hanno dimostrato che i bambini cresciuti in ambienti con eccessiva libertà, assenza di regole e limiti poco chiari hanno un'autostima più bassa. Secondo Baumrind,[7] i figli di genitori troppo permissivi risultano impulsivi, aggressivi e insicuri; i figli di genitori autorevoli sono invece sicuri, orientati all'obiettivo ed energici.

Il controllo di sé passa dall'aver sperimentato prima, da piccoli, un controllo esterno. Ovviamente non deve trattarsi di un controllo fine a se stesso, di una forma di pura autorità: i bambini devono sentire che dietro alla disciplina si nascondono sollecitudine, amore e sostegno emotivo nei loro confronti. Genitori e tecnici che pongono limiti ma forniscono spiegazioni in merito e dimostrano affetto non sono percepiti come autoritari, bensì come autorevoli. Uno stile di relazione autoritario tende invece a creare semplici esecutori, robot in attesa di ordini e privi di iniziativa, incapaci di assumersi responsabilità.

Ricordiamoci infine che una caratteristica importante dello sport è che favorisce la trasformazione della disciplina in autodisciplina. E l'autodisciplina è un grande fattore di resilienza.

[7] D. Baumrind, *Child Care Anteceding Three Patterns of Preschool Behavior*, in *Genetic Psychology Monographs*, vol. 75 (1975).

Alcuni genitori sono terrorizzati dalla prospettiva che i propri figli facciano esperienza di qualche disagio o di un po' di fatica. A volte si cade nel ridicolo. Ci sono genitori che quando i figli vanno in piscina con la scuola si sobbarcano vari avanti-indietro piscina-casa affinché il piccolo risulti protetto dal pericolo di doversi portare da solo la borsa del nuoto. I primi tempi che allenavo i bambini dello Sci Club Brusson mi aspettavo di essere caricato di responsabilità dai genitori. Invece mi caricavano di indumenti: arrivavano genitori con maglie e giacche a vento «caso mai avesse freddo». In seguito le ansie parentali sono state diradate dalla semplice constatazione empirica che il bambino sopravvive anche se esposto per un paio d'ore a un po' di freddo mentre si muove vigorosamente. Oggi facciamo regolarmente allenamento o escursioni in montagna anche sotto la pioggia, a patto che non ci siano temporali in atto. A loro volta i bambini hanno scoperto che la morte istantanea per disidratazione è un'evenienza molto rara. All'inizio, soprattutto d'estate, lo stimolo della sete comportava, alla sua comparsa, l'immediato abbandono dell'allenamento e la ricerca spasmodica della fontanella o di una bottiglia d'acqua. Oggi sono tutti consapevoli che, anche differendo la soddisfazione del bisogno per una quindicina di minuti, nessuno soffrirà di convulsioni. È un fatto che anche i bimbi più piccoli, di quattro e cinque anni, sono riusciti a fare proprio. Recentemente, invece, un collega e io abbiamo appreso da un gruppo di tardo ventenni-trentenni neolaureati e neoinseriti in una grande azienda che rimandare il pranzo oltre le canoniche ore tredici rappresenta una frustrazione umanamente insopportabile. Stavamo facendo un corso di formazione: e la proposta di rimandare di poco l'ingresso in sala mensa per finire il lavoro in programma ha provocato non solo sonore rimostranze e atti inconsulti, ma anche deliqui. Poi dicono che lo sport non è scuola di vita...

5. Rispettate i ruoli

Genitori e tecnici svolgono due funzioni ben diverse, sebbene spesso siano propensi a dimenticarsene. Uno dei più scellerati connubi presenti in Natura è infatti il genitore che fa il tecnico (quando lo fa nei confronti del proprio figlio, ovviamente). Altrettanto patetico risulta il tecnico che vuol fare il genitore. Ma procediamo con ordine.

La funzione importante del genitore non è quella di insegnare la corretta tecnica di corsa, di preparare le tabelle per i figli o individuarne gli obiettivi agonistici, sebbene tali nefandezze talora accadano: piuttosto il genitore dovrebbe «instillare» nel figlio gli atteggiamenti di base verso lo sport (e la vita in generale). Quegli stessi atteggiamenti che in seguito condizioneranno positivamente o negativamente il lavoro del tecnico. Ho usato il verbo «instillare» in mancanza di termini migliori, in quanto la trasmissione di questi atteggiamenti avviene con modalità sottili. Per insegnare questi atteggiamenti non serve dichiararli ad alta voce, magari dimostrando il contrario attraverso i propri comportamenti. Gli atteggiamenti vengono infatti «assorbiti» dal bambino in maniera inconsapevole e a partire dall'ambiente circostante. Così se un genitore non permette al bambino di fare da solo (anche quando sbaglia) e si sostituisce a lui in tutto e per tutto, favorirà la dipendenza a scapito del senso di autonomia; se è molto ansioso e lo iperprotegge nei confronti delle attività motorie che continuamente il bambino si inventa, gli trasmetterà sfiducia nelle proprie capacità. Allo stesso modo se farà un dramma di ogni insuccesso o piccola sconfitta, il messaggio sarà stato chiaro: l'importante è solo vincere, a tutti i costi. Sarà poi inutile, ulteriore esempio, pretendere che il piccolo impari ad apprezzare la fatica quando poi il padre mostra di fatto che senza ascensore non si può rincasare.

Dunque la funzione cardine del genitore è quella di mettere le basi per la crescita di atteggiamenti sani e adeguati che, paradossalmente, più avanti agevoleranno il lavoro del tecnico.

Qualsiasi tecnico, infatti, per quanto competente e preparato, preferirà sempre e comunque allenare personaggi ottimisti, sicuri, con forte autostima e resistenti alle frustrazioni psicologiche, piuttosto che individui rassegnati, pessimisti, ansiosi e fragili.

6. Utilizzate allenamento e obiettivi prestazionali per far crescere il senso di controllo

Lo sport aiuta nella costruzione della resilienza perché offre infinite difficoltà: proprio nell'affrontarle il bambino può far crescere il proprio senso di controllo. L'allenamento stesso, gli obiettivi che pone e le conseguenti difficoltà, possono essere lo strumento per questo scopo. Affinché ciò accada, il processo di allenamento va strutturato sotto forma di obiettivi prestazionali. Attraverso il perseguimento di questi obiettivi, il bambino espande il proprio senso di autoefficacia, la capacità di confrontarsi con le difficoltà e ad affrontare frustrazioni e fallimenti sugli aspetti pratici di questa metodologia rimando al precedente capitolo.

Appendice

La resilienza del manager

di Pietro Trabucchi e Dario Balasso[1]

«Circondati di critici!
Ricorda i tuoi fallimenti!
Tieniti su con la caffeina!
Perdi ogni speranza!
Sovraccaricati di impegni!
Vendi la tua anima!
Fai tutto personalmente!
Resta sempre impreparato!
Soffri in silenzio!»

Tratto da: *The Little Book of Stress*
di Stuart e Linda Macfarlane

«La differenza con gli atleti» ha detto un giorno un partecipante a un nostro corso «è che nello sport ci si può allenare alla prestazione. Noi manager invece siamo sempre in gara. Per noi non sono previsti allenamenti.» Forse questa affermazione è eccessiva e un po' vittimistica; in realtà sono davvero molte le affinità tra atleti e manager.

Nei nostri seminari utilizziamo la metafora della prestazione sportiva per parlare ai manager di gestione dello stress. Si tratta di una metafora perché nessuno pretende che i manager debbano trasformarsi in atleti, se non per una scelta personale: tuttavia dal confronto con il mondo sportivo essi possono ricavare ispirazioni, spunti e metodologie concrete per gestire meglio le difficoltà lavorative.

[1] Dario Balasso ha vissuto per 17 anni in azienda come ingegnere prima di diventare psicologo del lavoro. Si è occupato per molti anni di formazione, e lavora oggi come consulente per molte grandi aziende. È anche psicoterapeuta ed esperto di terapie di rilassamento a Milano.

Secondo la nostra esperienza, ciò che caratterizza in modo peculiare lo stress manageriale è legato a tre punti specifici:

1. come l'atleta, il manager ha scelto di operare in contesti sfidanti; qui, nonostante le forti difficoltà, il soggetto non si sente vittima dello stress fintanto che possiede la percezione di controllare la situazione. Anzi: quanto più il soggetto si scopre capace di far fronte a pressioni e richieste elevate tanto più il lavoro diventa motivante e fonte di realizzazione personale.
2. Gli stressor che il manager deve gestire sono spesso più complessi di quelli propri del mondo sportivo: essi sono soprattutto stressor immateriali, di natura simbolica e relazionale. L'atleta, per lo meno, vive anche stressor di natura fisico-biologica: la fatica, i carichi di allenamento, l'usura dell'organismo. Ma, mentre siamo stati adeguatamente attrezzati da Madre Natura per gestire stressor di tipo ambientale e biologico, lo siamo meno per quello che riguarda problematiche di natura più simbolica e meno concreta.
3. I manager si trovano infine a dover gestire spesso non solo il proprio stress personale, ma anche quello altrui: in particolare quello dei collaboratori.

Questo insieme di caratteristiche rendono la resilienza (soprattutto nei suoi aspetti cognitivi) una competenza chiave per il manager.

Si può comprendere meglio il primo punto («finché controllo non mi stresso») utilizzando il modello di Karasek.[2] Secondo questo modello, lo stress nelle organizzazioni dipende dall'interazione di due fattori indipendenti: la percezione di controllo del soggetto e il livello di impegno richiesto dall'organizzazione. Si noti che il fattore chiave è ancora una volta il senso di controllo, uno degli elementi cognitivi più importanti della resilienza, a cui è stato dedicato il capitolo 3 di questo libro.

[2] R.A. Karasek, *Control in the Workplace and Its Health Related Impacts*, in S.L. Sauter et al. (a cura di), *Job Control and Worker Health*.

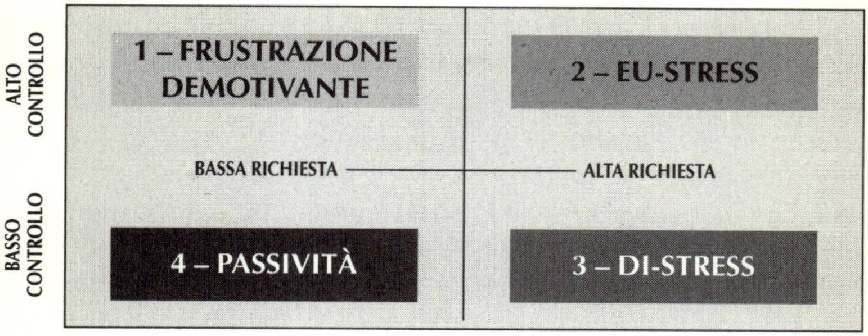

Le due dimensioni vanno immaginate come due assi cartesiani ortogonali. Il loro incontro genera quattro quadranti (figura 3): abbiamo definito l'area 1, caratterizzata da bassa richiesta e da alto controllo percepito, come **«area della noia o della demotivazione»**; qui infatti il lavoratore sente di avere competenze di gran lunga superiori a quelle implicate nei compiti richiesti dall'organizzazione. Egli si trova quindi in una situazione favorevole, ma rischia, a lungo andare, di vivere questa situazione come demotivante. A volte un contesto organizzativo simile genera frustrazione personale, perché la persona si sente «non abbastanza valorizzata per quello che potrebbe dare». Gli esiti possono essere senso di frustrazione, che con gli anni diviene cinismo. In entrambi i casi si tratta di una circostanza rara per la popolazione dei manager, caratterizzati dal fatto di essere sottoposti a grandi richieste e aspettative.

Nell'area 2 troviamo la combinazione di alta richiesta e alto controllo: una situazione di alta domanda da parte dell'organizzazione, a cui corrisponde un elevato senso di controllo da parte del soggetto. È come se il manager si dicesse: «mi chiedono tanto, ma so di avere i mezzi per far fronte a tutte le richieste». Ovvero: «sento di avere (quasi) tutto sotto controllo». È una situazione di **Eu-stress**, cioè di impegno e sfida percepiti in modo gratificante, come motivanti. La fatica in questo contesto ha a che fare più con la passione che con il patimento. Questa è ovviamente la situazione ideale per il ruolo del manager.

Troviamo poi l'area 3, connotata da alta richiesta e basso controllo: questa è **l'area di Di-stress**, cioè dello stress dannoso, negativo, la zona di «chi si ferma è perduto!» A fronte di richieste sempre molto elevate da parte dell'ambiente organizzativo, il soggetto percepisce un basso senso di controllo personale. Questa è l'area dove la persona convive con l'ansia e il senso di inadeguatezza (o di impotenza) e spesso sviluppa sintomi e difficoltà gravi di tipo psicosomatico oltre che disturbi del sonno.

Infine troviamo l'area 4, caratterizzata da basso controllo e bassa richiesta: è **l'area della passività**, dove il lavoratore ha poche possibilità di utilizzare le proprie abilità, e dunque di crescere e apprendere.

Abbiamo incrociato il modello di Karasek con alcuni risultati di un questionario a cui solitamente sottoponiamo i manager che partecipano ai nostri seminari: in quasi un decennio abbiamo accumulato i dati di un campione di diverse centinaia di soggetti. Il 13% del campione ha indicato tra le cause principali del proprio stress lavorativo delle percezioni generiche di basso controllo: una risposta tipica è, per esempio, «sento spesso di non avere gli strumenti per gestire le situazioni di lavoro». Risposte del genere possono essere lette come un segnale d'allarme importante: è come se il soggetto avvertisse che sta passando dall'area dell'Eu-stress a quella sottostante del Di-stress.

Situazioni simili, se mantenute a lungo nel tempo, sono dannose sia sul piano comportamentale che sulla salute psicofisica. Uno dei segreti della longevità manageriale e della gestione ottimale dello stress sembra infatti essere quello di una permanenza costante nel quadrante «alta domanda-alto controllo».

Un altro fattore «protettivo» per una lunga carriera è che il manager possa beneficiare della presenza di una famiglia come «salvagente esistenziale»: in altre parole, sovente il manager è disposto a vivere situazioni di alta domanda organizzativa in termini di impegno personale, coinvolgimento e risorse psicofisiche a patto di trovare altrove – quasi sempre nella famiglia – una sorta di «oasi per il riposo del guerriero».

Quando ciò manca, oppure è la famiglia stessa a diventare la fonte principale di stress (12% del campione), si apre un livello di disagio che può mettere in crisi il soggetto.

Abbiamo detto che il manager affronta stressor molto sofisticati, la cui natura oltre a essere relazionale e/o simbolica è spesso poco tangibile: per esempio, percezione dell'inutilità degli sforzi, difficoltà nel coinvolgere i collaboratori, paura generica rispetto al futuro professionale, contrarietà agli obiettivi imposti dall'alto.

Rispetto a quelli che sono percepiti come i propri principali stressor, vediamo dunque cosa emerge dai dati dei nostri questionari, qui sintetizzati nella figura 4:

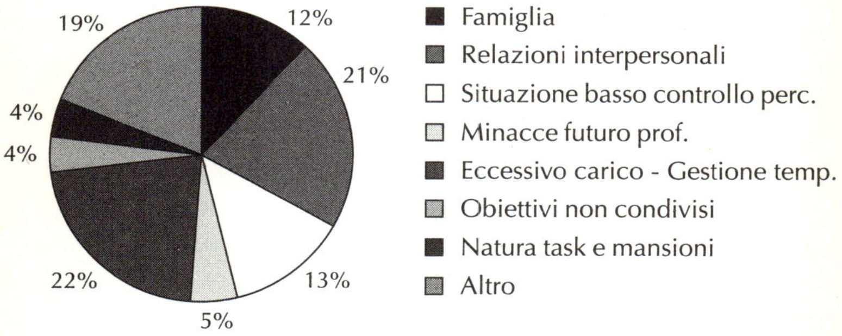

1. *Stressor di tipo relazionale*: 33% del totale. Questo dato comprende le situazioni di stress interpersonale sul luogo di lavoro con colleghi, collaboratori e capi (21%) e situazioni legate ai rapporti familiari (12%).
2. *Stressor legati alla percezione di rischi non immediatamente tangibili*: 18% del totale. Questa cifra si ottiene sommando la percezione di situazioni generiche di controllo basso citate sopra (13%), e i dati riguardanti la percezione di minacce generiche sul proprio futuro professionale (5%). In questo caso sono state contemplate risposte che riguardano senso d'ansia e preoccupazioni non motivate strettamente sul piano della realtà. Se qualcuno invece avesse indicato, per esempio, «so-

no preoccupato perché tra tre mesi la mia azienda chiuderà», questa risposta sarebbe stata inclusa nella categoria «Altro» (19%).

3. *Stressor legati alla percezione di un eccessivo carico di lavoro e/o da difficoltà nella gestione del tempo*: 22%.
4. *Stressor legati alla non condivisione e/o tipologia degli obiettivi assegnati*: 4%.
5. *Stressor legati alla natura specifica dei task e delle mansioni assegnate*, tipo «mi stressa molto dover fare dei discorsi pubblici per lavoro»: 4%.
6. *Altri stressor*: tutti gli stressor riguardanti problemi concreti ma occasionali e/o comunque non contemplati nelle precedenti categorie: 19%.

Come si vede, il 51%[3] delle cause riguarda stressor immateriali e simbolici, differenti da quelli più concreti (freddo, caldo, fatica fisica, nemici da cui scappare in senso reale o da affrontare in lotte mortali) che l'evoluzione ci ha attrezzato ad affrontare. Un problema ulteriore è rappresentato dal fatto che non solo non siamo istintivamente attrezzati per fronteggiare questi stressor, ma anche che il manager deve spesso apprendere a gestirli nel momento stesso in cui si trova ad affrontarli. È un lavoro che coinvolge soprattutto il filtro cognitivo, dove il successo è molto legato a «come» vediamo i problemi, al tipo di valutazione cognitiva che viene utilizzata.

In questa inadeguatezza strutturale possiamo trovare molte delle ragioni dei sintomi prodotti dallo stress: a una lettura attenta, gran parte di essi si rivelano non essere altro che la messa in campo di una serie di difese adeguate nel passato di fronte a stressor più semplici, ma ora disfunzionali. Nel senso che, una volta, venti o trentamila anni fa, quando fuori dalla capanna giravano leoni affamati o nemici inferociti, l'insonnia poteva esse-

[3] La cifra è data dalla somma tra stressor relazionali e quelli legati alla percezione di minacce non immediatamente tangibili.

re una reazione adeguata alla realtà. Ma oggi questi pericoli sono molto più rari (anche in azienda!): e se la minaccia è, per esempio, un vago senso di ansia rispetto al proprio futuro professionale non dormire la notte è una forma di difesa totalmente disfunzionale. Non solo non aiuta, ma anzi contribuisce a mettere definitivamente a rischio il proprio futuro lavorativo.

Ugualmente la rabbia nei conflitti interpersonali continua ad accompagnarsi alle reazioni fisiche che preparano alla lotta con il nemico: ma oggi l'annientamento fisico del collaboratore o del capo non risolverebbe i problemi di stress. Anzi, li aumenterebbe terribilmente. Il manager deve quindi trovare soluzioni più flessibili, perché i correlati fisici della rabbia non solo non servono, ma a lungo andare contribuiscono a produrre ulcere, ipertensione e infarti.

L'aumento della resilienza del manager comporta una serie di passi: innanzitutto è opportuno dotare il soggetto di una serie di informazioni precise su cosa sia veramente lo stress, quali siano i suoi effetti sul corpo e sulla mente e come la resilienza possa rappresentare un utilissimo fattore di gestione delle difficoltà e di miglioramento della qualità della vita. È importante che il soggetto sappia decifrare e porre nella giusta luce alcuni fenomeni altrimenti inquietanti e inspiegabili: come è possibile, per esempio, che si debba tirare avanti l'intera settimana lavorativa con inenarrabile fatica, sospirando con ansia il fine settimana; e quando questo finalmente sopraggiunge essere costretti a passarlo sul divano, davanti alla televisione, perché ci si sente completamente distrutti? Una serie mirata di informazioni può contribuire a spiegare il fenomeno, e ad aiutare a intraprendere i giusti correttivi: la «sindrome del week-end», per esempio, è legata semplicemente al fatto che durante la settimana lavorativa il soggetto riesce a «tirare avanti» grazie all'aiuto del cortisolo endogeno che i suoi surreni sprigionano a tutt'andare. Ma quando finalmente giunge l'agognata pausa il «controllo di gestione» interno decide che il cortisolo può essere risparmiato e tenuto in serbo per «tempi peggiori». Improvvisamente cessa l'effetto endogeno antidolorifico e antifatica e la persona si sente distrutta. Ironia del funzionamento biologico, che ignora i ritmi sociali!

Oltre all'informazione in generale su questi fenomeni, il manager va aiutato a sviluppare la sensibilità ai «segnali deboli» dello stress, quelli che lo avvertono che sta superando il limite dove l'Eu-stress diventa Di-stress. Ognuno presenta una costellazione personale di sintomi di tipo fisico, cognitivo o comportamentale che lo avvertono che sta «tirando troppo la corda» ed è utile familiarizzare con essi.

Oltre a questo, se il manager fa parte della fortunata schiera che abita il quadrante «alta richiesta-alto controllo», allora «vivere pericolosamente» in mezzo alle sfide è una scelta che gratifica. Per questi soggetti diventa estremamente importante la capacità di gestire la risposta fisiologica allo stress. Essi dimorano soddisfatti in mezzo alle sollecitazioni e all'impegno perché hanno la sensazione di riuscire a gestire il tutto: ma il loro organismo fronteggia tutta questa pressione mettendo in campo l'intero arsenale ormonale e nervoso. Il pericolo è l'esaurimento o che la somma di tutti questi micro-stress fisici sfocino in una malattia o diventino una risposta cronica e fuori controllo.

Fare delle pause, imparare tecniche di rilassamento, a controllare e gestire la risposta fisiologica (noi utilizziamo anche una serie di test strumentali per valutare le capacità personali in questo campo) sono tutti strumenti molto utili per questo tipo di soggetti.

A questo va accompagnato il lavoro per rendere più efficiente la valutazione cognitiva e per aumentare il senso di controllo personale (magari attraverso l'attività fisica) di cui si è già parlato nel capitolo 7.

Più delicata è la situazione di quei manager che si trovano nel quadrante sotto, quello «alta richiesta-basso controllo percepito». Qui la pausa non serve: infatti il problema non è recuperare, ma il fatto di sentire la situazione fuori controllo. Andare in vacanza accompagnati da questa percezione rende la vacanza stessa un inferno consumato nell'attesa angosciosa di dover ritornare al lavoro.

A questo tipo di manager vanno invece forniti soprattutto gli strumenti per aumentare il senso di controllo: per quello che riguarda le competenze lavorative specifiche può trattarsi di formazione oppure di coaching. Ma insieme riteniamo fondamentale il fatto di fornire anche delle competenze generali atte ad aumentare la resilienza personale: strumenti per potenziare la valutazione cognitiva e strumenti per sviluppare il senso di controllo personale. Anche qui rimandiamo al capitolo 7.

Postfazione

di Federico Schena

Per un fisiologo e medico dello sport, abituato da anni a misurare prestazioni e capacità motorie per descriverne i meccanismi funzionali, la lettura di questi avvincenti capitoli che ti conducono, passo dopo passo, a entrare con occhi diversi nel mondo della performance umana è stato un esercizio di resilienza.

Spesso è più facile pensare che le dimensioni psicologiche possano essere escluse dalle nostre misurazioni e dai test che svolgiamo ogni giorno, quasi fossero un fastidioso evento perturbante; spesso vorremmo concentrarci solo su quello che sappiamo valutare con macchine ormai sempre più sofisticate e complesse, che indagano a fondo il movimento umano descrivendolo con accuratezza e dettaglio; ma che ci chiedono di prescindere il più possibile da tutte le altre variabili riguardanti il comportamento umano per garantire la massima standardizzazione. Per fortuna mi soccorre un modesto, ma personalmente importante, background di atleta. Ciò rende possibile gestire questa contraddizione solo apparente; e ripensare i fattori mentali da disturbo del disegno sperimentale a risorsa interna che ogni sportivo possiede. E che deve coltivare accanto agli altri, ben più noti e studiati aspetti energetici, meccanici, neuro motori, endocrini...

Questo approccio non risolve il problema del ricercatore fisiologo e del suo lavoro quotidiano con atleti di diverso livello e ambizione, ma fornisce un'importante chiave per programmare e poi leggere i risultati ottenuti in laboratorio e sul campo.

La visione del nostro organismo come un sistema ben strutturato e altamente flessibile che è in grado di gestire le perturbazioni esterne e mantenere costante lo stato interno («mileau interior» come lo definì Claude Bernard, fisiologo francese della fine del diciannovesimo secolo) è una delle immagini più affascinanti che lo studio dell'uomo possa offrire. È naturale per tutti noi osservare come si mantenga costante la temperatura del corpo nonostante situazioni esterne mutevoli; o come la pressione arteriosa sia quasi insensibile rispetto ai cambiamenti posturali che realizziamo in pochi istanti.

È invece meno scontato accettare come positiva l'estensione di queste modalità automatizzate di gestione del cambiamento dal piano del funzionamento fisiologico a quello comportamentale: rispondere in un modo pre-ordinato agli stimoli stressanti non rappresenta un vantaggio biologico. Al contrario, una modalità che esprime l'inibizione del meccanismo cognitivo umano che si definisce apprendimento rappresenta uno svantaggio.

Poiché infatti non esiste contraddizione tra apprendere attraverso uno stimolo (esterno o interno) e gestire, contrastandolo, lo stress: entrambe le funzioni derivano dallo stesso meccanismo, cioè dalla nostra capacità di filtrare e deviare gli stimoli selezionando e analizzando dal punto di vista cognitivo solo una piccola parte di essi. Se così non accadesse il nostro cervello sarebbe ostruito da un superlavoro di analisi e immagazzinamento dati che renderebbe impossibile creare qualsiasi elevato livello di competenza, motoria o cognitiva che fosse.

Saper usare con capacità e abilità questo sistema di filtro fa parte del bagaglio di ciascuno di noi e, come spesso accade per altre funzioni, diventa una competenza portata all'estremo nel contesto sportivo.

Beninteso non sto dichiarando che si può vincere solo con la testa: alcune fondamentali caratteristiche fisiologiche (potenza aerobica, forza muscolare, coordinazione...) non sono derogabili. Ma sono talmente «comuni» in un numero elevato di atleti, che le hanno ottenute dal loro patrimonio genetico e da un allenamento intenso e ben organizzato, da non essere più in grado di fare la differenza. Per questo le grandi prestazioni sportive, soprattutto quelle che non sono frutto di occasionale fortuna, si rivelano l'espressione di una prolungata capacità di eccellere, determinata anche dalla competenza mentale: in particolare quella di saper gestire le situazioni di stress e ansia trasformandole in motivazione alla migliore espressione del proprio sé atletico (e umano).

Tutto questo non è solo aneddoto. E nemmeno si tratta di riflessione esperienziale di qualche illustre nome che ha riempito le pagine dello sport più o meno recente: è anche argomento di ricerca e di studio scientifico e merita la nostra completa attenzione (e forse anche qualche maggior impegno di comprensione).

Perché non basta riflettere e concordare sul fatto che la resilienza esiste ed è importante: si deve passare gioco forza al «come fare?» Le recenti esperienze riportate nel testo sono indicative del fatto che vi siano molte zone di sovrapposizione tra funzioni fisiologiche vegetative (per intenderci quelle che permettono al nostro organismo la permanenza in vita) e sistemi neurali in grado di farci gestire e metabolizzare lo stress. Potrei dire con un termine molto figurato (del quale chiedo anticipatamente scusa ai colleghi neurofisiologi) che vi sono zone del cervello nelle quali i neuroni coinvolti in queste situazioni «si parlano»: e talune attività ritmiche (per esempio il respiro controllato) sono in grado di indurre un positivo «entrainment» su tutte quelle aree che sono costrette a processare gli stimoli attivatori e alteratori provenienti dall'ambiente esterno.

Non è tutto chiaro se questo fenomeno corrisponda a un addormentamento (un po' come fa la mamma quando culla il neonato) o piuttosto a un vero filtro passa basso: i dati sperimentali ottenuti anche con modelli animali nei quali si possono misurare direttamente le attività nervose sono alquanto contraddittori (sono misure complicate e poco riproducibili, molto più facile studiare i muscoli e la soglia anaerobica...). Tuttavia le applicazioni rimangono promettenti e si deve pensare che divengano presto patrimonio stabile di molti atleti e sportivi.

Alla fine ritengo sia anche utile fare una riflessione sul significato pratico della resilienza: rispondere cioè alla domanda pratica e bruciante «a cosa mi serve» che lo sportivo con la sua pragmatica lettura della vita applica alla maggior parte delle cose che lo circondano. E la riflessione non può che mettere in luce come gli aspetti toccati dal libro non sono esclusivamente attribuibili a un contesto psico-emotivo speciale: in altre parole non sono cose riservate solo a superuomini alla ricerca della prestazione limite o del grande risultato sportivo, che devono saper piegare alla loro ferrea volontà ogni situazione. Piuttosto rappresentano una parte ineludibile dell'esperienza di chiunque si metta in movimento con una finalità agonistica o semplicemente educativa. E questo termine, anche se spesso evoca alcuni stereotipi dell'educazione fisica scolastica, rappresenta invece il grande valore aggiunto dell'esperienza sportiva: valido ed efficace a qualsiasi età si affronti, anche se di gran lunga più significativa in età giovanile. Imparare, attraverso lo sport, a essere resilienti nella vita può sembrare un'attribuzione di ruolo eccessiva ma non è fuori luogo. Viviamo in una società che troppo spesso insegna a fuggire dallo stress e che ha fatto dell'ansia un nemico da evitare: e non mi pare sbagliato che ci siano anche occasioni, stimoli e risorse personali da sviluppare per metterci nella condizione di imparare come combattere e vincere queste «battaglie». Che sono poi quelle che popolano la nostra vita, di sportivi e di persone.

Professore Federico Schena
Direttore del Centro Interuniversitario
di Ricerca in Bioingegneria e Scienze Motorie (CEBISM)
Università di Trento, Udine, Verona, Brescia;
Coordinatore Dottorato Scienze Esercizio e Movimento Umano
Facoltà di Scienze Motorie & Dipartimento di Neuroscienze
Università degli studi di Verona

Internet link e riferimenti utili

Per consultare materiali e risorse on-line su temi trattati in questo libro quali resilienza, tecniche di gestione dello stress, preparazione mentale alla prestazione e allenamento sportivo si veda il sito:

www.pietrotrabucchi.it

e i siti gemelli

www.psycoendurance.com
www.hardiness.it

In questi siti sono presenti anche tutte le informazioni relative a corsi, convegni, seminari e stage tenuti dall'autore o da altri esperti, relativi alle tematiche della resilienza, della preparazione mentale alla prestazione sportiva, della gestione dello stress personale e organizzativo, del corretto approccio psicologico allo sport giovanile.

Inoltre si trovano le informazioni per aderire a due programmi che ho menzionato nel capitolo 7.

Il primo, RESILIENTraining™, è un programma di gestione

dello stress e sviluppo della resilienza personale focalizzato sul cambiamento cognitivo, l'utilizzo della meditazione e il controllo delle risposte fisiologiche. Si rivolge alle persone in cerca di benessere, a chi è intenzionato a modificare in senso più salutare il proprio stile di vita, alle persone semplicemente troppo stressate. Sono previste anche applicazioni del programma alle organizzazioni.

Il secondo, ULTRAMIND™, è rivolto specificamente a migliorare resilienza e prestazione negli sportivi delle discipline di endurance. È un programma personalizzato che utilizza in modo parallelo intervento cognitivo, allenamento atletico e allenamento mentale. L'adesione al programma coniuga l'utilizzo di internet con la partecipazione a stages e allenamenti collettivi previsti periodicamente.

Ringraziamenti

Questo libro, le idee in esso contenute, le esperienze che vi sono sviluppate, hanno ricevuto il contributo di tante persone che – senza falsi buonismi – cercherò ora di ringraziare tutte.

Desidero ringraziare vivamente tutti gli atleti citati nel libro e inoltre: tutti gli atleti e i tecnici della Squadra nazionale di sci di fondo Torino 2006, oggi Vancouver 2010. Un particolare ringraziamento va a Roberto Campaci e Carlo Petrini, che considero i migliori tecnici del panorama fondistico attuale.

Un ringraziamento speciale va tributato a Cristian Zorzi per la prefazione.

Sono poi particolarmente riconoscente allo staff del CEBISM e al professor Schena, con i quali è un piacere lavorare.

Devo gratitudine anche a tutto lo staff tecnico delle Squadre nazionali di Triathlon, al suo direttore tecnico Roberto Tamburri, all'intero staff federale.

Un saluto fraterno all'amico Luca Speciani (e ad Antonella), a Pippo Gazzotti e uno anche al professore Marcello Faina.

Infine un altro ringraziamento sentito a due gruppi speciali: al gruppo dei pupils (è il nome pomposo che Luca ha attribuito alle persone da noi seguite e/o partecipanti agli stages) e ai piccoli atleti dello Sci Club Brusson.

Indice

I Libri del Benessere

Christophe André, *Imperfetti e felici*
Christophe André, *Vivere felici*
Christophe André, *Chi ha paura della paura*
Christophe André, *Dell'arte della felicità*
C. André - F. Lelord, *La stima di sé*
C. André - F. Lelord, *La forza delle emozioni*
Ingrid Bacci, *Liberi dal dolore*
Beryl Bender Birch, *Oltre il Power Yoga*
Eilean Bentley, *Massaggio per persone che hanno troppo da fare*
Philippe Blanchemaison, *Lavorare ai fianchi!*
Nathaniel Branden, *Le donne e la stima di sé*
Nathaniel Branden, *I sei pilastri dell'autostima*
Nathaniel Branden, *L'arte di vivere consapevolmente*
Barbara Brennan, *Mani di luce*
Barbara Brennan, *Luce emergente*
H.J. Cosner - S. Malin, *Pilates per mamme e bambini*
Jorge Cruise, *Otto minuti ogni mattina*
A. Demarais - V. White, *La prima impressione*
Wayne W. Dyer, *C'è una soluzione spirituale a ogni problema*
Wayne W. Dyer, *Che cosa volete davvero per i vostri figli?*
Wayne W. Dyer, *Come fare miracoli*
Wayne W. Dyer, *Credere per vedere*
Wayne W. Dyer, *Dieci segreti per il successo e l'armonia*

Wayne W. Dyer, *Inventarsi la vita*
Wayne W. Dyer, *Il potere dell'intenzione*
Wayne W. Dyer, *La saggezza del Tao*
Wayne W. Dyer, *La saggezza di ogni giorno*
Wayne W. Dyer, *Il tuo sacro io*
Wayne W. Dyer, *La voce dell'ispirazione*
Blanche Ebbutt, *Quello che i mariti non devono fare*
Blanche Ebbutt, *Quello che le mogli non devono fare*
Rita Emmett, *L'arte di non rinviare*
Donna Farhi, *Lo yoga nella vita*
R. Fisher - B. Patton - W. Ury, *L'arte del negoziato*
R. Fisher - S. Brown, *Troviamo un accordo*
B. Fletcher - K. Pine - D. Penman, *La dieta senza dieta*
Helen Foster, *IG La dieta dell'indice glicemico*
Kahlil Gibran, *Versi spirituali*
Ann Gillanders, *Riflessologia per persone che hanno troppo da fare*
John Gray, *Quello che tua madre non ti ha detto e tuo padre non sapeva*
John Gray, *Marte e Venere in camera da letto*
John Gray, *Marte e Venere si corteggiano*
D. Green - C. Collins, *Abbasso il colesterolo!*
Ray Grigg, *Il Tao della barca*
Ray Grigg, *Il Tao delle relazioni*
Nicky Hambleton-Jones, *Dieci anni più giovane*
Alan Herdman, *Pilates per persone che hanno troppo da fare*
Julia Hill, *Ognuno può fare la differenza*
Jon Kabat-Zinn, *Riprendere i sensi*
Jon Kabat-Zinn, *Vivere momento per momento*
J. Kabat-Zinn - M. Kabat-Zinn, *Benedetti genitori*
Lam Kam Chuen, *Il manuale del Feng Shui*
Lam Kam Chuen, *Il manuale del Feng Shui Personale*
Ellen Langer, *La mente consapevole*
Marianna Koch, *L'intelligenza del corpo*
Marianne Koch, *La salute dei nostri figli*
Harold Kushner, *Vivere bene comportandosi bene*
Mary Lambert, *Ogni cosa al suo posto e un posto per ogni cosa*
Mary Lambert, *In principio era il caos…*
Gerard T. Lombardo, *Dormire per vivere*

Susanna Longley, *Il giardiniere dilettante*
Andrew Marshall, *Ti voglio bene ma non ti amo più*
Gillian McKeith, *Sei quello che mangi*
Gillian McKeith, *Sei quello che mangi. Le ricette*
Muffy Mead-Ferro, *Confessioni di una mamma pigra*
Muffy Mead-Ferro, *Confessioni di una moglie pigra*
Scheffer Mechthild, *Il grande libro dei fiori di Bach*
Alda Monico, *La mela carpenedola*
Judith Morrison, *Il grande libro dell'Ayurveda*
Rob Nairn, *Che cos'è la meditazione?*
Maud Nordwald Pollock, *Dal cuore attraverso le mani*
T. Poppe - J. Paungger, *Il dizionario della luna*
T. Poppe - J. Paungger, *La luna e l'arte della ginnastica*
John Robbins, *Sani fino a 100 anni*
Nino Salvaneschi, *Breviario della felicità*
Mark Sanborn, *Il «fattore Fred»*
Anne W. Schaef, *Meditazioni per donne che hanno troppo da fare*
Mechthild Scheffer, *Il grande libro dei fiori di Bach*
Anna Selby, *Pilates per il mal di schiena*
Anna Selby, *Pilates per la pancia piatta*
A. Selby - A. Herdman, *Pilates*
Robin Stern, *Come mi vuoi?*
Pietro Trabucchi, *Resisto dunque sono*
William Ury, *Il No positivo*
Edward Vilga, *Lo yoga a letto*
Edward Vilga, *Yoga per l'ufficio*
Wallace D. Wattles, *La scienza del diventare ricchi*
Stella Weller, *Yoga per persone che hanno troppo da fare*
Eva Wong, *Feng Shui*
K. Woodburn - A. MacKenzie, *La tua casa è veramente pulita?*
Gary Zukav, *La danza dei maestri Wu Li*
G. Zukav - L. Francis, *Il cuore dell'anima*
G. Zukav - L. Francis, *La mente dell'anima*

Stampato da GRAFICA VENETA S.p.A.
su carta certificata
FSC (Forest Stewardship Council).
Il Marchio Forest Stewardship Council
(FSC) stabilisce che una proporzione delle fibre
di legno, utilizzate nella produzione della
carta, provengono da una foresta gestita
correttamente ai sensi di norme
rigorose dal punto di vista ambientale,
sociale ed economico.
Questa foresta di origine è stata ispezionata
e valutata in modo indipendente
sulla base dei principî e dei criteri
di gestione forestale accettati ed approvati
dal Forest Stewardship Council.
FSC è una associazione internazionale
Onlus i cui aderenti sono
gruppi di ambientalisti
e sociali, sociétà di gestione
forestale e distributori di prodotti
in legno, che lavorano in partnership
per migliorare la gestione forestale
nel mondo.
HYPERLINK "http://www.fsc.org" www.fsc.org

FSC

Sources Mixtes
Gruppo di prodotti provenienti da foreste
ben gestite, da fonti controllate
e da legno o fibra riciclati.

Cert.no. SGS – COC - 003543
HYPERLINK "http://www.fsc.org" www.fsc.org

Stampatore certificato da SGS QUALIFOR

Fotocomposizione:
Nuovo Gruppo Grafico s.r.l. - Milano

Finito di stampare
nel mese di febbraio 2009
per conto della Casa Editrice Corbaccio s.r.l.
dalla Grafica Veneta S.p.A.
di Trebaseleghe (PD)
Printed in Italy